Ernst
Hubeli
**Die
neue
Krise
der
Städte**

Ernst Hubeli

Rotpunktverlag

DIE NEUE KRISE DER STÄDTE

Zur Wohnungsfrage im 21. Jahrhundert

Diese Publikation erscheint mit finanzieller
Unterstützung der Cassinelli-Vogel-Stiftung.
Der Verlag bedankt sich dafür.

Der Rotpunktverlag wird vom Bundesamt für Kultur
mit einem Strukturbeitrag für die Jahre 2016–2020 unterstützt.

Satz: Gaby Michel, Hamburg
Druck und Bindung: Friedrich Pustet, Regensburg
ISBN 978-3-85869-865-0
2. Auflage 2020

Dieser Titel ist auch als E-Book erhältlich.

»Bleiben will ich,
wo ich nie gewesen bin.«
(Thomas Brasch)

Inhalt

II. Enteignung 87

III. Aneignung 121

Anhang 168

ZUR POLITISCHEN ÖKONOMIE DER SEELENKISTEN

Wohin man zurückkehrt, ist das Zuhause. Um mit dieser Pointe das Volksepos *Odyssee* zu vollenden, hat Homer eine unendliche Geschichte geschrieben, die von ebenso unendlichen Irrfahrten und Leiden seines Helden erzählt. Das malerische Happy End inszeniert Homer im Ehebett unter einem Olivenbaum, wo Odysseus räkelnd sich mit seiner wiedergefundenen Frau Penelope einnistet, nachdem er seine letzten Widersacher niedergestreckt hat.

Es gibt kein Zuhause, solange die »Wohnungsfrage« keine Antwort findet. Zu diesem Schluss kommt Friedrich Engels, als Mitte des 19. Jahrhunderts in London ein Wohnungselend ausbricht. In der Manier eines rasenden Reporters berichtet er über Krankheiten, bürgerkriegsähnliche Zustände, Schauergeschichten von Massenlagern in feuchten, choleraverseuchten Kellern, wo Industriearbeiter Kopf an Kopf übernachten. Die Reportage erschüttert auch das demokratische Bürgertum. Debatten über Ursachen und Reformen werfen philosophische Grundsatzfragen auf und lösen ideologische Richtungskämpfe aus. Engels setzt dem bürgerlichen Raisonnement seine Kritik entgegen und spaltet die Lager unversöhnlich: Der Ursprung der Wohnungsnot und des mit ihr verbundenen Elends liege in den kapitalistischen Eigentums- und Produktionsverhältnissen. Nur jenseits von ihnen könne die Wohnungsfrage gelöst werden. Alle reformistischen und karitativen Antworten seien bloße Ablenkungsmanöver kleinbürgerlicher Ideologien, die herrschende Verhältnisse nicht verändern, sondern verfestigen.

Näher bei Homer als bei Engels ergründet Martin Heidegger die »eigentliche Wohnungsnot« in der Heimatlosigkeit der Menschen – in ihrer »Seinsverlassenheit«. Sein Referat »Bauen Wohnen Denken« von 1951 ist vieldeutig und schwer zu entschlüsseln. Durch den kryptischen Jargon hindurch

kann man vermuten, dass Heidegger den Wohnort als besinnlichen Denk-Ort »erleuchten« und transzendieren
wollte, um ihm die Fragen einzuschreiben, ob Wohnen erst
»das Sein« ermöglicht und ob »das Sein« sich im Wohnen
wiedererkennen kann.

Seit der Antike wird über das Wohnen nachgedacht. Jede
Epoche hat – mit oder ohne revolutionären Zündstoff – ihre
eigene Bandbreite an Mythologien, Dramen oder Theorien
aufgespannt. Was Homer, Engels und Heidegger aufzeigen,
sind exemplarische Beobachtungen vom Gleichen mit um-
gekehrten Blickrichtungen, die die Frage aufwerfen: Spiegelt
das Wohnen die Gesellschaft? Oder spiegelt die Gesellschaft
das Wohnen?

Solche Reflexionen zeigen zum einen die politischen und
ökonomischen Prägungen der Wohnverhältnisse; zum anderen individuelle Deutungen und Fantasien über das Wohnen,
die wir in unsere Seelenkisten projizieren. Denkbar wäre es,
dass die zwei Wirklichkeiten zur Deckung kommen. Historisch jedoch stehen sie sich widersprüchlich gegenüber, was
nahelegt, dialektische Verhältnisse von Imagination und
Realität, von Überbau und Unterbau, von Privatheit und
Öffentlichkeit und Ähnlichem zu klären. Diesem Buch liegen Analysen und Beobachtungen zugrunde, die solche
Denkfiguren relativieren und auch infrage stellen. Aus verschiedenen Gründen.

Im 21. Jahrhundert ist uns Sesshaftigkeit fremd geworden.
Eingewoben in weltweite Netze, gehören wir einem Noma-
denkollektiv an, egal, ob wir zu Hause oder unterwegs sind.
Auch wenn sich die Sehnsucht nach dem Eingebettetsein
und nach lokaler Verankerung wieder verstärken mag – wir
sind in dieser neuen Heimatlosigkeit zu Hause.

Das private Refugium, das, mit Geheimnissen und Erinnerungsbildern angefüllt wie ein eigenes »Etui« (Walter Benjamin), behütet wird, ist auch nicht mehr, was es einmal war. Mit globalen Strömen aufgeladen, speichert es nun Weltbibliotheken. Und die kleinfamiliäre Privatheit ist wie ihre Wohnform heute ein Minderheitsprogramm. Das war sie allerdings schon zuvor. Von der Antike bis in die Epoche der Adelsherrschaften wurde vorwiegend in Verbänden gewohnt. Gastfreundschaft war wichtiger als das Private. Das galt bis in die vorbürgerliche Epoche, als der Adel sich um Genossenschaften bildete, die durch Eid besiegelt wurden. Die Herrschafts- passte zur Lebensform, die sich selbst feierte und die exklusive Abstammung ritualisierte, der göttliche Absicht unterstellt wurde.

Seit der Entmachtung der Feudalherrschaft haben Ab- und Ausgrenzungen andere Motive, die sich zunächst als Widerspruch offenbarten: Obwohl die Losung von »Freiheit, Gleichheit, Brüderlichkeit« eine offene Stadtgesellschaft und eine neue, urbane Öffentlichkeit versprach, wurde das Private mit und nach der bürgerlichen Revolution scharf vom Außen getrennt. Dieses galt nicht nur als bedrohlich – es war tatsächlich gefährlich. In den Straßen wüteten blutige Kämpfe, Bürgerkriege und Konterrevolutionen. Schutz vor diesem Außen fand man in einer im metaphorischen wie im physischen Sinn hermetischen Innenwelt.

Heute – in Zeiten von harmloseren, keinen oder eingebildeten Gefahren – prägen der Rückzug ins Private und der »Etui«-Reflex nach wie vor das Verhältnis, das Wohnen und Stadt eingehen und das aus Abgrenzung besteht. Die Trennung von Privatheit und Öffentlichkeit hat aber seit dem Ende des 19. Jahrhunderts eine vollkommen andere Bedeutung erhalten; sie ist überhaupt erst die Voraussetzung für eine urbane Alltagskultur, die ihrerseits an einen distanzierten Habitus gebunden ist. Die Ambivalenz von Nähe und Abgrenzung hat Immanuel Kant als »ungesellige Geselligkeit« umschrieben.

Die Bedrohung von außen sind nun nicht mehr konterrevolutionäre Straßenkämpfe, sondern Attacken auf die Balance, in der sich diese Ambivalenz hält. Sie kippt aus dem Gleichgewicht, wenn Privates in den öffentlichen Raum dringt, wenn Intimität ihn tyrannisiert. Die Kritik von Richard Sennett am »Zerfall des öffentlichen Raumes« aus den 1980er-Jahren hat an Gültigkeit nicht verloren. Allerdings war schon damals *die* Öffentlichkeit eine Unterstellung, ebenso wie ihr ein lokalisierbares Zentrum fehlte. Inzwischen hat sich das Öffentliche in ein Universum von Teilöffentlichkeiten gesplittet, die mit Mikromilieus und teilöffentlichen Räumen korrespondieren. Insofern ist auch das Verhältnis von privatem Wohnen und öffentlicher Stadt komplexer, unberechenbarer und vielfältiger geworden.

Die bürgerliche Wohnform ist in der Menschheitsgeschichte eine Episode. Das gilt auch für den Übergang in verwandte, kleinfamiliäre Versionen im 20. Jahrhundert, die in ständigem Umbruch sind – innerhalb und außerhalb ihrer ursprünglichen Lebensstile und Ordnung. Auch wenn sie nicht verschwunden sind, haben sie ihre Vorrangstellung im 21. Jahrhundert verloren und spiegeln die Gesellschaft nicht mehr, so wie diese selbst heterogener geworden ist.

Obwohl dieser Wandel unbestritten ist, bleibt das Wohnen rückwärtsorientiert – so, als ob es von einem anhaltenden Echo aus der Vergangenheit verfolgt würde: »Das Gewesene scheint unverbrüchlich« (Max Weber). Lebensstile werden als familiär wahrgenommen, selbst wenn solche verschwunden oder wenn aus ihnen Zwitterformen entstanden sind.

Alte Wohnvorstellungen überdauern, als wären sie von einem historischen Unterbewusstsein beseelt. Für diese Rückwärtsorientierung gibt es allerdings auch einen anderen, simplen Grund: Das Gewohnte wird zur Gewohnheit, weil wir nichts anderes kennen. Andere Möglichkeiten sind so nur schwer vorstellbar, selbst wenn sie sich anbieten.

Auch in ökonomischer Hinsicht hat die Wohnungsfrage neue Voraussetzungen. Der Plattformkapitalismus stellt nicht nur das Verhältnis von Kapital und Arbeit auf den Kopf, sondern auch das Verhältnis von Kapital und Wohnen. Vom Eigentum im ursprünglichen Sinn – also von Produktionsmitteln, Fabriken, Waren usw. – ist der Plattformkapitalismus im Wesentlichen unabhängig. Akkumulation und Kapitalverwertung sind vielmehr an die Ausbeutung von Informationen und an deren automatisierte Verarbeitungsmaschinen gebunden. Taxibetreiber benötigen nicht unbedingt ein Taxi (Uber), und Mieter können ihre Wohnung wie Hausbesitzer vermieten (Airbnb). Pointierter: Der Plattformkapitalismus kann auf ursprüngliche Akkumulationsmittel verzichten oder sie opfern.[1]

Plattformkommunikation und Plattformkapitalismus sind nicht nur neu – sie haben sich in einem historisch veränderten Rahmen entwickelt. Die Systemkonkurrenz zwischen Kapitalismus und Sozialismus, wie sie bis Ende der 1980er-Jahre noch bestand, ist aufgehoben. Auch der mahnende Ruf, dass mit der »Zerstörung des freien Marktes« eine neue DDR rekonstruiert werde, verhallt im Echoraum hinter dem ehemals Eisernen Vorhang.

Ungeachtet solcher Umwälzungen gibt es jedoch historische *hangover*. Auch im 21. Jahrhundert geht das Wohnen mit Existenzängsten und mit Elend einher. In den europäischen Metropolen sind selbst Massenlager nicht verschwunden, wo zwar nicht mehr – wie noch im 19. Jahrhundert – das Industrie-, dafür nun das Serviceproletariat Zuflucht sucht.[2]

Die politischen und ökonomischen Debatten über Wohnungsnöte drehen sich heute wie vor hundertfünfzig Jahren um einen innerkapitalistischen Widerspruch, der sich über die Zeit zum Paradox verfestigt hat: Der Immobilienmarkt profitiert vom knappen Wohnungsangebot, das Boden- wie Mietpreise hochtreibt und einen Nachfrageschock auslöst, während der Arbeitsmarkt vermeiden will, gestiegene Mietkosten mit höheren Löhnen abzufedern.

Diese paradoxe Situation bleibt auch dann noch bestehen, wenn gemeinnützige Akteure in die Kluft springen und Wohnungsnöte zu lindern versuchen. Zwar ist das in den letzten hundert Jahren oft auch gelungen – nichtsdestotrotz halten sie damit den Widerspruch in der Balance. Es ist eine Gratwanderung, sowohl außerhalb als auch innerhalb des freien, kapitalistischen Marktes agieren zu wollen. Ein Beispiel ist der gewerkschaftliche Wohnbaukonzern Neue Heimat. Er warf in der Nachkriegszeit eine halbe Million neue Wohnungen auf den Markt. Das erfolgreiche Unternehmen umwehte weniger karitatives Flair als die »gemeinwirtschaftliche Vision«, die in kurzer Zeit zum größten Immobilienkonzern in Europa angeschwollen ist. Auf dem Weg, den Markt zu erobern, folgte jedoch bald die Ernüchterung: Auch die gewerkschaftliche Alternative zum freien Markt konnte dessen Zwängen nicht entrinnen. Das bezeugten nicht nur zahlreiche Korruptionsfälle, sondern die Abhängigkeit vom kapitalistischen Wirtschaften, das ständiges Wachstum voraussetzt und riskante Bodenspekulationen einschließt. Mitte der 1970er-Jahre, als das wirtschaftliche Wachstum zusammenbrach, die Löhne sanken, die Arbeitslosigkeit anstieg und Förderungen schrumpften, wurde die Neue Heimat für eine symbolische Mark an einen Berliner Bäckerunternehmer verkauft. Sie war ruiniert und die »sozialdemokratische Utopie« am Ende. Sie bestand in einer Umverteilungspolitik, die »voraussetzt, dass es etwas zu verteilen gibt« (Jürgen Habermas). Als es nichts mehr zu verteilen gab, offenbarte sich das Unausweichliche: Auf die Entschärfung eines innerkapitalistischen Widerspruchs folgte die Verschärfung kapitalistischer Widersprüche. Sie sind seit den 1970er-Jahren virulent und nähern sich mit der neoliberalen Zuspitzung ihrer Selbstauflösung.

Heute ist es möglich, Waren nicht bloß in Serien (Fordismus), sondern im Überfluss zu produzieren, was auch ausgiebig und sinnlos getan wird. Eine derartige Entfaltung der Produktivkräfte böte im Wohnungsbau neue und andere Potenziale. Ein Überfluss an Wohnungen ergäbe Sinn – volkswirtschaftlich und seelisch; er wäre bereits erreicht, wenn das tatsächliche Angebot nicht der angeblichen Wahlfreiheit widerspräche, die der freie Markt zwar verspricht, aber nie einlöst. Gegen einen angemessenen Überfluss spricht allein das Geschäftsmodell der Wohnimmobilie, das ein Grundbedürfnis mit Geiz bestraft.

Wenn Wahlfreiheit auf dem Wohnungsmarkt ein Luxus ist und monetären Wohlstand voraussetzt, ist die Folge eine weitreichende soziale Ausgrenzung und Spaltung. Sie hat sich in den letzten dreißig Jahren verschärft und auch den Mittelstand erfasst. Wenn ein Grundbedürfnis mit Geiz bestraft wird, gibt es auch andere Folgeschäden. Michel Foucault hat mit seinen Recherchen zum Massenwohnungsbau darauf aufmerksam gemacht: Der herrschende Wohnungsmarkt ist ein repressiver Disziplinierungsapparat, der die Angst instrumentalisiert, kein Dach über dem Kopf zu haben oder zu finden.[3] So werden auch Hausordnungen geduldet, die im Kern ein Habitus- und Überwachungs-dispositiv schaffen und eine »Mikrophysik der Macht« konstituieren, die ihren historischen Ursprung im Gefängnisbau hat.

Die Folgen sind auch politisch: Wohnen als Machtmittel erzwingt unterwürfige Mieter. So erscheint das seit einem halben Jahrhundert verbriefte »Recht auf Wohnen« als Farce: *De jure* ist es ein Menschenrecht, *de facto* ist es für die Mehrheit eine Strafe.[4]

Wieso träumen Massen vom »eigenen Heim«, obwohl es durch Verschuldung zum eigenen Gefängnis wird? Wie ist es möglich, dass Mieter, die in ständiger Angst leben, die Miete nicht bezahlen zu können, die Interessen der Vermieter vertreten, wenn über verschärfte Mieterrechte entschieden wird? Wie kann es sein, dass die eigene Altersvorsorge die eigene Miete verteuert? Wieso erobert der globale Immobilienmarkt ganze Städte, nur um sie dann zu veröden?

Tröstend für alle, die das Absurde nicht ertragen, ist eine Legende, die sich um das Theaterstück *Warten auf Godot* rankt; sie handelt von einem Randereignis, das sich während der Tour de France abgespielt und Samuel Beckett als Inspiration gedient haben soll: Die Zuschauer verharren am Rand der steil aufsteigenden Straße zum Mont Ventoux, obwohl die Fahrer längst am Ziel angekommen sind. Was unverständlich scheint, hat einen Grund: Der letzte, beliebte Fahrer namens Roger Godeau ist noch unterwegs.

Die Wohnungsfrage ist paradox und widersprüchlich. Lohnt es sich, auf der Suche nach Antworten auf den Quasigott Godot oder auf den Antihelden Godeau zu warten? Einer der großen Philosophen würde auf Godeau setzen. Das Paradoxe wie das Absurde waren für Hegel keine Überlegung wert; er kümmerte sich vielmehr um den »höheren Widerspruch«, der – im Wechselspiel mit anderen Kräften – einen »kreativen Wendepunkt« erreichen kann.

Ist dieser Wendepunkt heute schon in Sichtweite oder gar bereits erreicht? Treten die Umstände und die Art, wie gewohnt wird, zunehmend in Widerspruch zum Alltäglichen und Erträglichen – nachdem über Dekaden weder die Gesellschaft das Wohnen noch das Wohnen die Gesellschaft gespiegelt hat, weder deren Entwicklung noch deren Möglichkeiten?

In der Wohnungsfrage verketten sich politisch-ökonomische mit seelisch-kulturellen Aspekten. Dabei manifestieren sich auch gegenläufige Kräfte. »Wenn wir wollen, dass alles bleibt, wie es ist, muss sich alles verändern.« Giuseppe Tomasi di Lampedusas Roman *Il Gattopardo* erzählt vom Wendepunkt, an dem die adelige Gesellschaft steht, als sie mit der bürgerlichen Revolution konfrontiert wird. Fürst Tancredi versucht, die aristoratische Macht mittels einer unheiligen Allianz zu erhalten – mit dem Anschluss an die bürgerliche Bewegung Garibaldis, die in der Mitte des 19. Jahrhunderts Italien vereinigt. Doch der strategische Unterzug misslingt; er kann das Ende adeliger Vorherrschaft nicht verhindern. Auch Tancredis große Liebe zerbricht am gesellschaftlichen Umbruch.

Der Aphorismus feiert also nicht den Triumph von Veränderungen, sondern trauert über die Vergeblichkeit des Versuchs, diese zu verhindern. In der Wohnungsfrage könnte eine progressive Diagnose hingegen lauten: Wenn das Bodeneigentum und die Art, wie gegenwärtig gewohnt wird, im Widerspruch zu den real stattfindenden Veränderungen stehen, wird dieser Widerspruch sich früher oder später auflösen. Doch auch die Lieblingsdiagnose der fortschrittsbegeisterten Moderne ist ambivalent; sie verfehlt oft das reale und, rückblickend, auch das historische Geschehen. Dafür ist auch die alte Wohnungsfrage ein Beleg. Ihre Widersprüche haben hundertfünfzig Jahre überlebt.

Ohne Bodeneigentum wäre der Kapitalismus buchstäblich seines Fundaments beraubt gewesen. Ist das auch heute noch so? Im 19. Jahrhundert hatte das Bodeneigentum jedenfalls einen anderen Stellenwert als heute. Es war, abgesehen von Fabrikarealen, auch Bestandteil kleinbürgerlichen Besitztums. Deshalb war für Marx der Besitz an Produktionsmitteln relevanter als der Besitz an Boden, so wie sich über dieses Merkmal auch der Kapitalist vom Kleinbürger unterschied. Dem entspricht, dass »das Moment der Selbstauflösung« des Kapitalismus in der »Verwandlung der Arbeit in die Maschine« passiert – eine Vorausahnung von Marx, die gerade in die Wirklichkeit übergeht.[5]

Im Boden lauert heute ein anderes Moment der Selbstauflösung: Der kleinbürgerliche Besitz ist längst geschrumpft und durch den globalisierten, börsennotierten Immobilienhandel marginalisiert. Der Boden wird immer knapper und das globale Geschäft mit ihm immer härter. Boden ist per se nicht veränderbar, nur seine Verwertung und sein Gebrauch sind es. Der Gebrauch beziehungsweise Verbrauch von Boden hat in den letzten zwanzig, dreißig Jahren eine soziale und ökonomische Krise der Städte ausgelöst und deren Peripherien veröden lassen. Global agierende Konzerne und Immobilienfonds tendieren dazu, sich Städte nicht bloß materiell anzueignen, sondern sie zu entdemokratisieren. Die Stadtforscherin Saskia Sassen beobachtet seit Jahrzehnten, wie die »Finanzialisierung der Städte« und deren dereguliertes Wachstum eine schleichende Entmachtung der Stadtgesellschaft nach sich zieht, die in der Folge einer zunehmenden Verödung und Entwertung ihrer urbanen Alltagskultur ausgesetzt ist. Diese neuen Kräfte und Dynamiken haben die inneren Widersprüche von Bodeneigentum verschärft. Das drängt eine Frage auf, die im 19. Jahrhundert noch undenkbar gewesen wäre: Wird die Enteignung von Boden den Kapitalismus eher retten als zerstören? Wir werden am Beispiel Berlins darauf zurückkommen.

Neuere Szenarien zum »Ende des Kapitalismus« folgen mehr oder weniger der marxistischen Logik der Kapitalakkumulation, die an ihre eigenen Grenzen stößt. Sei es, weil das Kapital bereits die Peripherien aller Weltregionen aufgesaugt hat und der Profit austrocknet (Immanuel Wallerstein); weil die zahlungsfähigen Nachfrager und damit der Konsum zurückgehen (David Harvey); weil die Computerisierung jener Arbeitsbereiche, in denen vor allem der Mittelstand beschäftigt ist, eine ausweglose Krise schafft (Randall Collins); oder weil der Kapitalismus mit monopolisierten Weltkonzernen verknöchert und bürokratisch erstarrt (Friedrich Lenger).

Abgesehen davon, dass »die Zukunft ungewiss ist und das Ende immer nah« (Jim Morrison), unterscheiden sich diese aktuellen Erklärungsmuster nicht grundlegend von jener Prognose, die Marx mit dem »tendenziellen Fall der Profitrate« begründet hat. Sie hat freilich neue Voraussetzungen und Fallhöhen. Vor allem aber sprengt der Kapitalismus heute schon seinen ursprünglichen Rahmen – im Besonderen, was die Bodenfrage betrifft.

Negativzinsen, virtuelles Eigentum und die Forderung der größten Weltkonzerne aus dem Silicon Valley nach einem Grundeinkommen kennzeichnen den Übergang vom klassischen zum symbolischen Kapitalismus. Das verdeutlicht geradezu plakativ die Billigfliegerei, die Frankfurt–Mallorca für 15 Euro verschenkt. Jedem ökonomischen Sinn und jeder Verantwortung enthoben, gilt der Imperativ: Kauf mich! Volkswirtschaftliche Ignoranz prägt aus einem anderen Zusammenhang auch das Boden- und Immobiliengeschäft: der Imperativ der Immobilienaktie und ihrer Performance. Im Zeitalter der Globalisierung findet der Immobilienmarkt nicht ausschließlich, aber maßgebend an der Börse statt. Gemeinnützige und Pensionskassen müssen sich entsprechenden Standards der Kalkulation und Verwertung von Boden und Immobilien fügen, wenn sie an Marktanteilen zulegen wollen. Negativzinsen bescheren globalen Immobiliengesellschaften ein zusätzliches Wachstum. Ihre Umsätze haben sich laut Bank für Internationalen Zahlungsausgleich seit der Jahrtausendwende verdoppelt.

Die verborgenen Hintergründe dieses enormen Wachstumsschubs enthüllten die *Paradise Papers*, nachdem sie den Darkroom der Finanzindustrie ausgeleuchtet hatten. In ihm hat sich zwischen 2014 und 2016 – je nach Schätzung – zwischen einem Drittel und der Hälfte des Immobilienumsatzes von 700 Milliarden Euro allein in Deutschland als Schwarzgeld oder »vorgewaschenes« Geld bewegt, steuerfrei und herkunftsunbekannt – vor allem mit sogenannten *Back-to-back-Loan*-Transfers, die illegales in legales Geld oder legale Kredite verwandeln.[6]

Wenn die Immobilie als Manövriermasse der illegalen und legalen Finanzindustrie dient, erhöht sich nicht nur der Anteil unproduktiver Wertvermehrung innerhalb der Volkswirtschaft. Das börsenfixierte und deregulierte Wachstum der Städte stellt auch deren Überleben infrage.[7] Diese Diagnose, die nach Untergangsbeschwörung anmutet, kommt nicht aus der alten Schule der Kapitalismuskritik, sondern ist das Ergebnis weltweiter Stadtanalysen von UN-Habitat, dem Wohn- und Siedlungsprogramm der Vereinten Nationen.[8]

Ihre Schlussfolgerungen sind nicht neu, aber aktueller denn je: Im Unterschied zum Kapital kann Boden weder akkumuliert noch vernichtet werden. Er ist ein Allgemeingut und seine Privatisierung in sich ein Widerspruch. Ohne eine Sozialisierung des Bodens sind Entwicklungen der Städte nicht zu lenken. Das gilt auch für das Wohnen.

Bemerkenswert ist, dass diese Position heute *common sense* ist – akademisch und politisch, von links bis mehr oder weniger rechts. Allerdings beschränken sich die politischen Reaktionen auf Postulate und Bekenntnisse. Die »Bodenwende«, von der gegenwärtig die Rede ist, hat weder die Voraussetzungen noch den revolutionären Groove des 19. Jahrhunderts. Sie dreht sich um die Frage: Wie ist es möglich, die stadtzerstörende Wucht zunehmend aggressiver Immobilienspekulation abzufedern? Noch stellt sich die Frage selbst infrage: Geht das überhaupt? Und wenn ja: Welche Machtkonstellationen wären dafür nötig? Zwingt der Nachfrageschock auf dem Wohnungsmarkt den Arbeitsmarkt dazu, Bodenreformen anzustoßen? Wie lange noch können globale Konzerne ihre Standorte von Hoch- in Niedriglohnländer verlagern, um steigende Mietpreise nicht mit Lohnerhöhungen ausgleichen zu müssen? Sind die Möglichkeiten solcher Standortverlagerungen inzwischen ausgereizt, weil das globale Kapital längst alle Peripherien der Welt erschlossen hat? Muss demzufolge der Sozialstaat einspringen und Mietpreiserhöhungen subventionieren? Oder ist die Umverteilungspolitik am Ende, weil es nichts mehr zu verteilen gibt?

Zugespitzt, aktualisieren diese Fragen die eigentliche, die Kernfrage: Setzt der Kapitalismus mit seinen neuen Widersprüchen und inneren Aberrationen im 21. Jahrhundert noch

Bodeneigentum voraus? Oder knapper: Sind Kapital und Boden trennbar?

Marx und Engels gaben Mitte des 19. Jahrhunderts eine bejahende und zugleich verneinende Antwort. Zum einen ermöglicht Bodeneigentum, ausgehend von der Produktionssphäre sich auch der Reproduktionssphäre der Arbeitskraft zu bemächtigen; insofern ist es Bestandteil des Klassengegensatzes. Zum anderen sind die ökonomischen Verwertungsbedingungen von Boden und Arbeitskraft vollkommen unterschiedlich, so wie der Besitz von Produktionsmitteln den Kapitalisten vorbehalten ist. Immobilien wie Wohnungen sind Waren, die als solche gehandelt werden. Vom Handel sind »kleinbürgerliche Eigentümer« nicht ausgeschlossen, was sie in eine ideologische Abhängigkeit manövriert, die sie zu strategischen Bündnispartnern in der »Armee der Eigentümer« macht.[9]

Die Verwertungs- wie auch die Machtdimension von Bodeneigentum hat sich im 21. Jahrhundert nicht substanziell verändert, aber verschoben. Nach wie vor ist die Ausbeutung von natürlichen Ressourcen und Bodenschätzen privaten oder staatlichen Eigentümern vorbehalten. Im Zusammenhang mit digitalen Produktionsformen und dem »Internet der Dinge« stellen sich aber neue Fragen. Es ist ungewiss, wie die digitale Zukunft sich entwickelt und auswirkt. Ob die Industrie 4.0 nicht bloß selbst produzierende, sondern auch selbst denkende Systeme hervorbringt und ein Grundeinkommen oder Mindestlöhne erzwingt. Ob allenfalls Zustände der griechischen Antike einkehren, die – mit sozialen Errungenschaften aufgebessert – Luxus demokratisieren: Die von der Arbeit befreite Elite wären nun Jedermann und Jedefrau, die nicht mehr von Sklaven, sondern von Robotern bedient werden.

Jenseits von Spekulationen über Zukunftsszenarien gibt es heute schon Anzeichen, dass Bodeneigentum als Basis des Kapitalismus bröckelt. Engels verglich den Boden noch mit der ebenso unentbehrlichen Luft. Heute brauchen die vernetzten, sich selbst regulierenden Produktionssphären weder Luft noch Boden – sie benötigen bloß Energie und Adressen, an denen sich die bestellte Ware im Home-3-D-Drucker selbst ausspuckt.

Dem widerspricht nicht, dass bis auf Weiteres Digitales und Analoges koexistieren werden, was auch altes Handwerk einschließt (siehe Richard Sennett). Auch historisch gewachsene Städte lassen sich kaum von neuen IT-Städten verdrängen, zumal solche heute schon existieren. Sie bilden sich um entmaterialisierte Produktionsformen und Informationsverwertungen, die an keinen bestimmten Ort – also auch nicht an teuren Boden – gebunden sind. Vernetztes Arbeiten ermöglicht Delokalisierung desselben – mit entsprechenden Wahlfreiheiten. Frühe Versionen sind schon in den 1970er-Jahren entstanden. Ein Beispiel ist ein europäischer Ableger von Silicon Valley im südfranzösischen Hinterland, Sophia Antipolis, eine Ansiedlung von 1300 IT-Firmen, deren Angestellte die schöne Landschaft mit wohltemperiertem Klima der kalifornischen Agglo-Wüste vorziehen. Neuere Varianten wie der Circle von Apple vergegenständlichen die digitalisierte Stadt als hermetischen Cluster im Niemandsland. In ihm herrscht eine lückenlose Menschen- und Raumkontrolle, die von IT-Fans als technische Errungenschaft gefeiert wird. Für urbane Flaneure und die offene Gesellschaft sind Observationsmaschinen ein Albtraum und Gift für die Stadtluft, die frei macht. Zufälliges, Überraschendes, »das Miteinander unter Unbekannten« (Max Weber) kann nicht stattfinden, und selbst die Kuss-Ecke ist eliminiert.

Diesen *gated communities* der Arbeitswelt trotzt denn auch ein starker Gegentrend zur Stadtrückwanderung. Die schwer erträgliche Allianz aus klaustrophobischer Öde und Verdammnis zur Arbeit hat eine wahre IT-Odyssee ausgelöst. Die Erfinder des vermeintlich ortsunabhängigen Arbeitens flüchten mit ihrer Entourage aus Workaholics und Nerds aus dem Silicon Valley nach San Francisco und nehmen für ein analoges urbanes Zuhause langes Pendeln in Kauf. Die Folge: Im begehrten Zufluchtsort sind die Immobilienpreise explodiert. Verdrängte Stadtbewohnerinnen und Stadtbewohner protestieren seit Jahren mit militanten Aufständen.[10]

Die Zukunftsszenarien, die sich bereits heute abzeichnen, sind also gegenläufig: delokalisierte Produktion und Arbeit versus Massenrückwanderung in die alten Städte. Rückwanderungsdrang versus steigende Wohn- und Lebenskosten. Die Stadt als Aktiengesellschaft versus die offene Stadtgesellschaft. Soziale und kulturelle Vielfalt in den Städten versus Homogenisierung durch Segregations- und Gentrifizierungseffekte. Schließlich: »Wohnen« versus funktionale Normierung und »Arbeit« versus reine Erwerbstätigkeit.

Gleichzeitigkeit und Gegenläufigkeit von Unvereinbarem prägen die Gegenwart. In diesen Szenarien spielt die Bodenverwertung insofern eine Schlüsselrolle, als sie, aus der Warte von Eigentum und dessen Performance betrachtet, ebenso zwiespältig ist: Wo Städte sich selbst zerstören, verliert auch der Boden an Wert. Und selbst wo Boden noch physische und ökonomische Macht ausübt, sind die Möglichkeiten gewachsen, sich dieser zu entziehen. Die aufstrebenden, virtuellen Firmen und ihre Crews sind im wörtlichen Sinn nicht bodenständig. Nomadisierend unterwegs können sie sich im Zweifelsfall wie Diogenes in einem herumliegenden Fass einnisten, das weder von Hausaufsehern noch von Bodeneigentümern beschattet wird.

Umgekehrt kann sich die Kapitalverwertung auf Felder verlagern, die sowohl politisch als auch virtuell weniger belastet sind. Schon heute löst die Verwertung von Informationen an der Börse weit größere Performanceerwartungen aus als das traditionelle Geschäft mit Waren und Boden. Auch kann sich die Bindung von Bodeneigentum an politische Macht aus anderen, systemimmanenten Gründen lockern: wenn Bodenreformen nötig werden, um Steuerfluchtmöglichkeiten einzuschränken; oder wenn Zinserhöhungen unvermeidbar sind; oder wenn entmaterialisiertes Kapital noch lukrativer wird. Aus diesen unterschiedlichen Zusammenhängen kann die Bilanz gezogen werden, dass sich zumindest die ideologisch unbelasteten Widerstände gegen Bodenreformen aufweichen.

Gälte es, die Wohnungsfrage, die vor rund hundertfünfzig Jahren von Friedrich Engels erstmals gestellt wurde, für die Gegenwart auf den Punkt zu bringen, wäre es das Paradox: Das Wohnen spiegelt heute weder die Gesellschaft, noch spiegelt die Gesellschaft das Wohnen. Mit anderen Worten: Was Homer und Engels sich über den Zusammenhalt ausgedacht haben, hat sich verselbständigt. Wohnen entsteht nicht aus einer Vorstellung von Gesellschaft – und umgekehrt: Die Gesellschaft hat heute keinen Entwurf für das Wohnen.

Ein aktueller Beleg dafür, wie sich der Zusammenhalt – Wohnen und Gesellschaft – aufgelöst hat, ist die sogenannte *subprime crisis* von 2008. Die Rede von der »Immobilienblase« in den Medien suggerierte eine vorübergehende Krankheit, die zyklisch auftaucht und sich platzend von selbst heilt. Doch es hat sich mitnichten ein ambulanter Zwischenfall abgespielt, sondern ein ausgewachsenes Drama, das sich um die politische Ökonomie der Seelenkisten dreht. Was geschieht, wenn der »Traum vom eigenen Haus« sich dem Gesamtkapital verschuldet? Wer gewinnt, wer unterliegt, wenn Wohnen und Gesellschaft auseinanderdriften?

Engels' Vorstellung, dass Mieter und Hausbesitzer in einem antagonistischen, klassenfeindlichen Verhältnis zueinander stehen, ist heute eine realitätsferne Vereinfachung. Dieses Verhältnis wie auch das Wohnen selbst manifestiert sich jenseits vom Existenziellen auch als Einbildung: In den Seelenkisten entstehen Fantasien, Fiktionen und der Traum vom »Wohnen wie der Landadel«. Mieter wähnen sich als Hausbesitzer, obwohl sie es nie werden. »Verblendungszusammenhänge« (Adorno) sind das Echo aus den Seelenkisten, das nicht als Widerspruch oder als ein Interesse mit politischem Widerhall nach außen dringt, sondern als Paradox. Beispielhaft sind politische Kämpfe über Gesetze, die den Mietern mehr Rechte zugeständen. Kommt es zu Volksentscheiden, ist es nicht unüblich, dass die Mehrheit der Mieter nicht ihre, sondern die Interessen der Eigentümer verfolgen. Dahinter steckt die Erwartung, früher oder später den Statussprung zum eigenen Haus zu schaffen, verbunden mit dem Gefühl des Versagens, wenn dieser nicht gelingt.[11]

Das Paradox, dass Mieter sich von Illusionen verblenden lassen und gegen ihre eigenen Interessen stimmen oder wählen, ist in der politischen Geschichte des Wohnens allerdings keine Konstante. Wenn, wie wir es heute erleben, Mietpreissteigerungen und Wohnungsnöte existenziell bedrohlich werden, emanzipiert sich offensichtlich das Paradox von seinem Realitätsverlust und findet Halt im klassischen Widerspruch: Mietbremsen, Förderung von Gemeinnützigen oder auch radikalere Reformen, die Eigentumsrechte beschneiden, finden heute einen Zuspruch bei der Mehrheit, sofern sie darüber befinden kann. Man kann darin auch einen Beleg für die aktuelle Wohnungsfrage sehen, die nicht bloß Lösungen zur Diskussion stellt, sondern solche erzwingt. Dabei dienen Spaltungen in Links und Rechts kaum mehr als Orientierung und Denkfigur. In den Vordergrund tritt die Frage, ob spezifische Themen und Probleme überhaupt politisiert werden und welche Interessen sich dabei ergänzen, gegenüberstehen oder in den Umsetzungsmodus treten.

Wie zum Beispiel in Berlin. Berlin steht für den Fall, dass neben narrativen und digitalen Phänomenen auch bloße Alltagserfahrungen den politischen Kick des Plötzlichen auslösen können – wenn am Montagmorgen Mietrechnungen im Briefkasten stecken, die unbezahlbar geworden sind. Die Wohnungsnot, die zur Existenznot geworden ist, hat den Berliner Aufstand ausgelöst. Aber nicht allein. Es gibt viele Städte wie etwa Dublin oder München, in denen eine ähnlich prekäre Situation auf dem Wohnungsmarkt auf keine oder geringe Widerstände stößt; stattdessen breitet sich in diesen Städten Resignation aus. In Berlin hingegen hat sich der Widerstand in kurzer Zeit verdichtet. Seit Anfang 2019 bilden Mieterinnen und Mieter zusammen mit Professorinnen und Professoren der Humboldt-Universität, Kreisvorständen, Medien wie dem *freitag* und dem *Tagesspiegel* sowie Mieterverbänden eine politische Front. Sie schiebt plötzlich das scheinbar Unmögliche an, das in den letzten dreißig Jahren noch als Realitätsverlust linksradikaler Fantasten abgetan wurde: Wohnbaukonzerne sollen enteignet werden.

»Enteignen!« stand lange für das Schreckgespenst, das hinter dem Eisernen Vorhang drohte und den Rechtsstaat im

Allgemeinen sowie die Wirtschaft im Besonderen dahinraffen werde. Wer an dieser Bedrohung zweifelte, wurde politisch isoliert oder kriminalisiert. Der Berliner Enteignungsgroove jedoch ist weder revolutionär noch klassenkämpferisch. Er lässt vom Kalten Krieg allenfalls ein Backstage-Drama übrig, das an die herben, politischen Parodien von Cervantes oder Shakespeare und deren Frage erinnert, ob ideologischer Wahnsinn sich von einer Geisteskrankheit unterscheidet. Die Berliner Enteignungswelle bewegt sich auch nicht im Fahrwasser gesamtgesellschaftlicher Grundsatzfragen sondern im Bereich des politisch Möglichen.

Die Vergesellschaftung von Unternehmen und Boden ist nicht neu, sondern eine postbürgerliche Errungenschaft unter vielen, die seit hundert Jahren in Zyklen mal eingeführt, mal abgeschafft wurde; erst in den letzten dreißig Jahren ist sie mehr oder weniger ganz aus dem Blickfeld verschwunden. Wenn nun in Berlin eine Vergesellschaftung bevorsteht, handelt es sich aus historischer Optik um ein Déjà-vu, um eine Rekommunalisierung, die demokratisch und rechtskonform über die Bühne gehen kann. So wie kaum jemand der Kommunalisierung im frühen 20. Jahrhundert Rechtswidrigkeiten oder ideologische Manipulationen unterstellen würde.

Die Berliner Initiative sieht vor, dass alle Konzerne, die mehr als dreitausend Wohnungen besitzen, enteignet werden. Die Berliner Tagespresse schätzte Ende 2019 die Zustimmung innerhalb der Bevölkerung auf 65 Prozent. Die Abstimmung ist für Anfang 2020 vorgesehen.

Eine Gegenfront zur Enteignungsankündigung formierte sich zunächst, wie zu erwarten war, aus Vermieterverbänden und Verfechtern von Eigentumsgarantien. Auch Sozialdemokraten schlossen sich an, denen die Forderung zu radikal schien, weil sie angeblich den Rechtsstaat infrage stellt. Zugleich konnte oder musste die Stadtregierung feststellen, dass die Enteignungsdrohung ernst gemeint ist und über eine demokratische Legitimation verfügt; sie schätzte aber die Umsetzungschancen als gering ein. Selbst wenn eine Enteignung per Volksentscheid zustande käme, so die Regierung, wäre der Umsetzungsprozess langwierig, ungewiss und mit vielen Rechtsstreitigkeiten verbunden. Also schlug sie eine »Atempause« vor, um Zeit für strategische Reflexionen zu gewinnen und zugleich den Zorn der Berliner Mieter zu dämpfen.

Der Kompromiss ist eine Mischung aus indirekter Enteignung und politischer Besänftigung: ein »Mietendeckel«, den die Regierung im Juni 2019 für fünf Jahre verordnet hat. Es handelt sich um einen radikalen Mietpreisstopp. Wie dieser umgesetzt werden soll, ist gegenwärtig in Diskussion: ob er flächendeckend gilt und auch für Neubauten wie für Gemeinnützige oder ob mit Gutachterverfahren von Fall zu Fall – differenziert nach Alter, Ausstattung und Lage der Wohnungen – entschieden werden soll, was angemessene Mietpreise sind.

Die konservative Opposition in der Stadt empört sich prophylaktisch über »diktatorische Eingriffe« in den freien Wohnungsmarkt. Doch solche Anklagen sind Selbstanklagen. Schließlich hat der Wohnungsmarkt in den letzten dreißig Jahren selbst bewiesen, dass er unfähig ist, eine Grundversorgung zu garantieren. In ihrer Argumentationsnot erfindet die Opposition ein vermeintliches Katastrophenszenario: Investoren würden sich künftig hüten, in Berlin Wohnungen zu bauen. Da kann die Stadtregierung nur antworten: Genau das ist ja das Ziel! Investoren, die stadtzerstörerisch wirken, müssen durch andere ersetzt werden. Das ist auch finanzpolitisch vernünftig, wenn das billige Geld nicht mehr im Spekulationsgeschäft der Immobilien- und Finanzindustrie verpufft, sondern produktiv in Infrastrukturen und den Wohnungsbau fließt.

Die Berliner Stadtregierung ist mit einem Widerspruch konfrontiert, der in anderen Städten mit Wohnungskrisen als politisches Luxusproblem gelten würde: Der Mietendeckel ist gesetzt, die Enteignung steht vor der Tür, die voraussichtlich durch eine breite Mehrheit der Stadtbevölkerung aufgestoßen wird. Was sich hier manifestiert, ist eine stadtpolitische Wende, die immer konkretere Ausmaße annimmt, und das voraussichtlich nicht nur in Berlin und in Deutschland. An die Stelle unverbindlicher Postulate und Bekenntnisse tritt nun ein politisches Projekt, das dem neoliberalen *laisser faire* der Marktkräfte ein Ende bereiten will.

Form und Inhalte des Mietendeckels werden wohl über Jahre ständig angepasst werden, um ihre Wirksamkeit zu überprüfen. Unabhängig davon hat allein die Berliner Debatte den Wohnungsmarkt unter Druck gesetzt und verändert – sie hat eine ausgetrocknete politische Landschaft bewässert: In der Kampfzone globaler Märkte kann sich lokale Stadtpolitik nicht mehr in einem Boot mit altgedienten Parteien und Systemverfechtern bewegen. Die erfrischend offene Debatte, die Pragmatismus mit politischer Fantasie verbindet, bringt eine Entideologisierung der Enteignungsthematik mit sich, in welcher Version auch immer sie in Diskussion ist und umgesetzt wird. Das erhöht die Chancen, verkrustete Machtverhältnisse aufzuweichen und jenseits von politischen Konventionen Spielräume zu öffnen, wo verhandelt und entschieden wird, was schädlich, gesellschaftlich dysfunktional ist und abgeschafft werden soll.

Die Diskurswende zeigt sich auch in einem Kommentar auf *Spiegel Online,* dessen halblinker, halbintellektueller Journalismus seit jeher über den Verdacht erhaben ist, politische Werbung für Enteignungen zu betreiben. So war also auf *Spiegel Online* zu lesen, bei der Enteignungsfrage stehe nicht ein politischer Machtkampf im Vordergrund, sondern Vernunft: »Die Enteignungsinitiative ist alles andere als kommunistisch.«[12] Es sei schließlich eine Tatsache, dass der freie Wohnungsmarkt in den letzten dreißig Jahren unfähig gewesen sei, eine lebenswichtige Grundversorgung bereitzustellen. Die privaten Interessen, die der freie Wohnungsmarkt über Jahrzehnte verfolgt habe, stünden im krassen Widerspruch zu den öffentlichen Interessen. In diesem Zusammenhang wird auch in den Berliner Medien auf einen Verfassungsartikel verwiesen, der die sozialdemokratische Umverteilungspolitik der Nachkriegsjahre mitbegründet hat und den Deregulierungshardliner offensichtlich aus ihrem Gedächtnis gestrichen haben: Im deutschen Grundgesetz ist verankert, dass gesetzliche Interventionen legitim sind, um Widersprüche zum Gemeinwohl zu beheben. In den meisten europäischen Ländern bestehen ähnliche Verfassungsartikel mit Formulierungen, die als Synonym zum »Gemeinwohl« das »öffentliche Interesse« reklamieren.

Berlin war in den 1920er-Jahren *das* metropolitane Babylon. Nun scheint die neue alte Hauptstadt neunzig Jahre später zum Brennpunkt der Wohnungsfrage zu werden, wo sich Möglichkeiten und Grenzen manifestieren und konkretisieren. Ob neue politische Konstellationen entstehen, ob sich Auswege aus der Agonie der Wohnbaupolitik anbahnen, sind zwar noch offene Fragen – aber immerhin werden sie gestellt.

Die politische Ökonomie des Wohnens dreht sich im Wesentlichen um ein Geschäftsmodell, das ideologischen und finanzindustriellen Interessen folgt. Dazu gehört auch der Aufstieg zum Eigentümer, ob real oder fiktiv. Er ist insofern möglich, als der Übergang von der Opfer- zur Täterrolle käuflich ist. Seit rund einem halben Jahrhundert verspricht die Eigentumsförderungspolitik des Staates und der Finanzindustrie, Mieter von ihrer Abhängigkeit zu befreien, wenn sie nur wollen. Können tun das freilich nicht alle.

Zu ihrem Glück: Die Aussichten verschlechtern sich dramatisch, wenn Mieter tatsächlich Eigentümer werden. Pierre Bourdieu hat in einer langjährigen Habitusforschung diese zyklisch wiederkehrende Tragödie beschrieben.[13] Kleinbürger ersparen sich über Jahrzehnte ein kleines Vermögen, um für den Staat und die Bank schuldentauglich zu werden, mit dem Ziel, ein Haus kaufen oder bauen zu dürfen, das ihnen nicht gehört. Zinserhöhungen, Lohneinbußen, eine Krankheit oder Ähnliches trennen erbarmungslos Traum und Wirklichkeit wie vermeintliches von verbrieftem Eigentum. Das »Wohnen wie der Landadel« wird zum Albtraum eingebildeter Hausbesitzer: Sie sitzen auf einem Schuldenberg, der zum eigenen Gefängnis wird.

Die Eigentumsförderungspolitik, so ein Fazit von Bourdieu, ist »die Hauptquelle kleinbürgerlichen Elends«. Und sie ist ein ideologisches Konstrukt: Kleine Eigentümer sollen in der Armee aller Eigentümer erzogen werden, um die Interessen der großen Eigentümer zu verteidigen. Das strategische Bündnis ist nicht nur brüchig wie das Boot, in dem alle sitzen; es kann eine Weltwirtschaftskrise auslösen wie 2008, in deren Vorfeld selbst Arbeitslose ins eigentumsideologische Geschäftsmodell integriert wurden. Die Schulden wuchsen sich aus zu einer Kettenreaktion, die noch mehr Schulden verursachte, bis die Schulden wertlos waren und Billionen vernichteten. Und aus der Truppe, die vermeintlich in dieselbe Richtung ruderte, wurde eine eingebildete Schicksalsgemeinschaft der kleinen Eigentümer und der großen Gläubiger mit ihren Schattenbanken. Sie überlebte nur einige Börsenmonate, bis die Armeestrategie nahtlos in eine Krisenstrategie überging, die im Zuge eines realpolitischen *roll back* die Opfer-Täter-Rolle umkehrte: Dass man keineswegs gleich betroffen war, machten die ungleichen Machtanteile allzu schnell sichtbar. Ideologisch nun unverhüllt, verkleinerte sich die Armee der Eigentümer auf ihren starken Kern, um zum Gegenschlag auszuholen: Die *Too-big-to-fail*-Wende spülte das Boot, in dem alle saßen, an den Strand, an dem der »Wohlstand für alle« zuvor bereits Schiffbruch erlitten hatte.

Die *subprime crisis* und ähnliche Ereignisse sind exemplarisch für das Auseinanderdriften von Wohnen und Gesellschaft. Der Zusammenhalt zerfällt – jenseits eines politischen Willens, geschweige denn eines Gesellschaftsvertrags. Ist der Zusammenhalt, sind die Begriffe »Wohnen« und »Gesellschaft« nicht (mehr) selbstverständlich, sind sie anachronistisch geworden?

Mit der »Zersplitterung in immer enger gefasste Identitäten« ist, so Francis Fukuyama, »die Möglichkeit gesamtgesellschaftlicher Erwägungen und kollektiven Handelns zunehmend bedroht«.[14] Peter Sloterdijk wiederum ist der Meinung, wenn sich Gesellschaften dennoch bildeten, dann mehr oder weniger ausschließlich durch »geteilten Stress«.[15] Der in Berlin lebende Philosoph Byung-Chul Han widerspricht. Die verstreuten Identitäten finden sich seiner Ansicht nach in einer gemeinsamen Überidentität, die eine neoliberale Schrumpfform des Gesellschaftlichen ist. In ihr herrscht kollektiver Stress durch Selbstoptimierung – unabhängig vom Status, von Herr oder Knecht. Ob »Herren-knechte« oder »Knechtherren« – beide, so Han, haben sich der Selbstausbeutung verschworen: »Diese ist viel effizienter als die Fremdausbeutung, weil sie mit einem Gefühl der Freiheit einhergeht.«[16] Ein Gefühl, das in den Imperativ »Sei frei!« übergeht und schließlich zum Zwang wird, der in ein gesamtgesellschaftliches Burn-out führt.

Diese und ähnliche Diagnosen bestätigen einen geistigen Zustand, der auf das Paradox und den Ursprung der *subprime crisis* hinweist: Arbeitslose Hauseigentümer haben sich ein eigenes Gefängnis gebaut und eine globale Geld- und Stresskrise ausgelöst. Nur, und das ist bedenkenswert, wird damit die Machtdimension der Wohnungsfrage nicht einmal tangiert. Gälte es, entsprechende Schlussfolgerungen zur *subprime crisis* zu ziehen, drängte sich die Gegenthese zur knecht- und herrenneutralen Universaltthese von Sloterdijk und Han auf: Spätestens als die »Blase« geplatzt ist, hat sich die alte Stressverteilung zusammen mit den alten Machtverhältnissen nach dem Muster von oben und unten neu verfestigt.[17]

Wie ist das möglich? Fukuyama findet eine Erklärung in der »Identitätspolitik«. Inspiriert von Hegel, meint er, dass Geschichte vom Kampf um Anerkennung getrieben werde, der an kein Ende komme, so wie er sich in immer neue Widersprüche verwickle. Heute scharen sich immer kleinere Gruppen um ihre eigenen ethischen, geschlechtlichen, kulturellen und anderen Präferenzen; sie schotten sich ab und werden politisch nur manifest, wenn Identitäts- und Statusverluste drohen.

Die These vereinfacht die Optik von Hegel, der nicht übersah, wer Macht hat und missbraucht: der »reiche Pöbel«. Er spielt seine Macht gegen den Staat aus, was – fast zwei

Jahrhundert später – im *Too-big-to-fail*-Dogma einen Niederschlag findet, das ein identitätsloses »Systemisches« vortäuscht und seine Profiteure gegen Kritik immunisiert.

Wohnungsnot wird nicht nur als Entbehrung, sondern auch als Identitätsverlust empfunden. Dieser manifestiert sich nicht als Kampfansage, sondern als Resignation: Wer sich als Verlierer auf dem Wohnungsmarkt fühlt, wird sich kaum gegen ihn auflehnen, sondern einen Schuldigen ausmachen. Die Resignation, die in eine Frustration übergeht, instrumentalisieren Populisten mit ihren identitätspolitischen Manövern. Die Strategie operiert mit doppelten Identitäten: Potenzielle Anhänger werden mit dem Aufruf mobilisiert, ihre Würde sei verletzt, wenn Wohnungen zu knapp oder zu teuer sind, um zugleich die Ursache des Übels mit »dem Ausländer« zu identifizieren. Das »Recht auf Wohnen« als Menschenrecht wird in ein völkisches Recht verdreht. Doch ein Menschenrecht kennt selbstverständlich keine Identitäten – entweder gilt es für alle oder für niemanden.

Wie *die* Gesellschaft ist auch *das* Wohnen missverständlich. Es ist nicht bloß vieldeutig, sondern an Bedeutungsschwere kaum zu übertreffen. Immer wieder wurde versucht, eine universelle oder anthropologisch begründete Antwort zu finden, was Wohnen sei und was es bedeute. Jede Zeit, jede Kultur hat dafür verschiedene Deutungen und Vorstellungen. Deren Dynamik und politische Verflechtungen lassen vermuten, dass Wohnen – mit den Worten Heideggers – »ein unberechenbares Ereignis« ist.

Das trifft sinngemäß auch für die Architektur des Wohnens zu. Häuser und Wohnungen werden selten so genutzt, wie sie geplant wurden. Ihre Aneignung unterläuft vorgesehene Funktionen und architektonischen Gestaltungswillen. Die Architektur des Wohnens wird erst im Gebrauch zur Architektur. Dieser Aneignungsvorgang hat verschiedene, immer neue Voraussetzungen. Sie haben sich im 21. Jahrhundert auf eine Weise gewandelt, dass das Vergangene nicht als Referenz gelten kann. Das heißt nicht, dass das Wohnen jeden Montagmorgen neu erfunden wird. Aber die Aneignungsformen suchen nach aktuellen Erfahrungen und nach Reibungswärme, um neue Gewohnheiten dem veränderten Alltag anzugleichen. Umso mehr rückt die Frage in den Vordergrund, was der Gegenwart als Zukunft eingeschrieben ist. Oder als Plot: Wohnen, wo ich (noch) nie gewesen bin.

Die Wohnungsnot ist in der bürgerlichen Gesellschaft seit über hundertfünfzig Jahren präsent. Der Auftrag, sie zu beseitigen, gehört bis heute nicht zum Gesellschaftsvertrag – zum *contrat social,* den Jean-Jacques Rousseau 1762 erfand, der postum verboten und schließlich Grundlage der bürgerlichen Revolution wurde. Längst bestünde im »Reich der Notwendigkeiten und der Freiheiten [...] die Notwendigkeit, die Not zu wenden – durch das bedrohte Subjekt« (Karl Marx). Das Szenario ist nicht so eingetroffen wie im 19. Jahrhundert erwartet und angekündigt – es bleibt der historische *hangover* der Wohnungsfrage. Er überschreitet auch immer wieder seine vermeintliche Altersgrenze, was unter anderem der Berliner Aufstand bezeugt.

Im 19. Jahrhundert orientierten sich die Debatten zur Wohnungsfrage hauptsächlich an der politischen Ökonomie. Im 20. Jahrhundert feierte das Wohnen als episches Thema, wie es bereits die Antike in ihren Dramen rund um Nomadentum, Sesshaftigkeit und kosmopolitische Lebensentwürfe kannte, ein Comeback. Es stellte der materiellen Wohnungsnot eine andere, eine geistige Not gegenüber.

Heidegger – dem Reich der materiellen Notwendigkeiten entrückt – hat in den 1950er-Jahren dafür eine knappe Formel gefunden, die auch eine Spitze gegen die Ökonomisierung der Philosophie ist: »Die *eigentliche* Wohnungsnot ist die Heimatlosigkeit.« Georg Lukács hat rund fünfzig Jahre zuvor einen anderen Begriff in die Neue Welt geworfen, der weniger apodiktisch, aber themenverwandt Heideggers Setzung vorwegnahm: »transzendentale Obdachlosigkeit«. Lukács und Heidegger sind alles andere als geistesverwandt. Gemeinsam erweiterten sie aber die Wohnungsfrage im 20. Jahrhundert: Es gibt (auch) eine geistige Wohnungsnot, die mit der materiellen Wohnungsnot koexistiert.

Was »Zuhause« und »Heimat« – örtliche, emotionale und geistige Verbundenheit – bedeuten und sein könnten, wirft bis heute mehr Fragen auf, als sich Antworten darauf finden. Bereits im griechischen Epos war umstritten, ob das Zuhause ein Haus oder nicht eher ein Schiff sei. Und heute muss man sich fragen, ob es *das* Zuhause und *die* Heimat überhaupt noch gibt. Ob sie nur als Vorstellung und Sehnsucht zu haben sind. Oder: Ist die heimatlose Sehnsucht auch ein Zuhause?

Irgendwo und irgendwie wird gewohnt. Insofern entsteht – beabsichtigt oder unbeabsichtigt – eine Architektur des Wohnens. Gibt es dafür ein Ideal? Oder ist das Ideal eine Falle? Und jenseits von Idealisierungen: Besteht das wirkliche Wohnen nicht bloß aus ständigem Ein- und Ausräumen, Ein- und Ausziehen? Schließlich drängt ein Drama auf die Haushaltsbühne, bei dem die Frage im Raum steht, ob eigentliches Wohnen Beziehungsarbeit ist oder die Befreiung davon.

Gälte es, das historisch Spezifische im beginnenden 21. Jahrhundert zu bezeichnen, dann wäre es die Diskrepanz zwischen heterogenen Lebensformen und homogenen Wohnformen. Weil wir uns an das immer Gleiche, scheinbar Naturwüchsige gewöhnt haben, fällt es uns schwer, diese Kluft überhaupt wahrzunehmen und andere Möglichkeiten in Betracht zu ziehen. Leichter fällt es, uns selbst zu belügen: Die Frage »Sind Sie mit Ihrer Wohnsituation zufrieden?« bejahen über 80 Prozent der Befragten, weil ihnen ein Nein das Zugeständnis bedeuten würde, im Leben versagt zu haben. Dieser Umstand erschwert nicht nur eine Wohnbauforschung, sondern überhaupt einen Anhaltspunkt zu finden und sich über die Frage zu verständigen, was »gutes Wohnen« sein könnte. So kommen auch Forschungen wiederholt zum gleichen Ergebnis: Das Wohnungsangebot hinkt dem gesellschaftlichen, demografischen Wandel chronisch hinterher und kann den volkswirtschaftlichen Bedarf nicht decken.[18] Der Ursprung dieser Diskrepanz ist auf dem freien Wohnungsmarkt zu finden, der für die Mehrheit keine oder nur sehr eingeschränkte Wahlmöglichkeiten anbietet. Umso mehr wird für »feine Unterschiede« geworben. Das Lifestyle-Marketing erfindet fiktive Welten, in denen ein Reihenhäuschen den Lebensstil des Landadels verkörpert und ein Fertighaus an der Nordsee den Traum vom »Wohnen wie im Süden« verheißt.

Bourdieu hat in *Die feinen Unterschiede* die Abgründe durchleuchtet, wo Selbstbetrug und das Seelengeschäft der globalen Identitätsindustrie ununterscheidbar in einander übergehen. Eine derartige Verschwommenheit führt zum Verlust von Realitäts- wie auch von Möglichkeitssinn, lebenspraktisch und politisch. Würden beide Sinne sich annähern, stellten sich Fragen, die unmittelbar das Alltagsleben betreffen, so paradox sie auch erscheinen: Ist das Zuhause eine Krankheit? Erfordert das bloße Wohnen, das die Mehrheit als lebenslangen Existenzkampf erfährt, eine obligatorische Grundversicherung? Wenn Realität und Möglichkeit zur Deckung kommen, tritt man unweigerlich in die Kampfzone, in der entschieden wird, wem der Boden, wem die Häuser und wem die Stadt gehört.

I

WOHNEN –
PARADOX
UND
WIDERSPRUCH

Das Wohnen spiegelt heute eine Gesellschaft, von der es sich längst abgelöst hat. Dafür gibt es zehn Belege.

1.
Es werden jene Wohnungen am meisten gebaut, welche die wenigsten Leute wünschen.

Die demografischen Umwälzungen der letzten fünfzig Jahre sind Ausdruck einer stillen Revolution im Alltagsleben. In den Städten sind die klassischen Kleinfamilienhaushalte auf 15 und weniger Prozent geschrumpft – zugunsten von Singles, Paaren, Alleinerziehenden, Wohngemeinschaften und vielem mehr. In den europäischen Agglomerationen wohnt noch ein Drittel bis die Hälfte der Menschen in kleinfamiliären Haushalten. Gerade Frauen sehen im Einfamilienhaus immer weniger das Ideal.[1] Nicht nur haben sie sich von der Rolle der Hausfrau am Herd befreit; sie wollen auch dem Alltagszenario entrinnen, in einem Mutter-Kind-Ghetto unter dem Apfelbaum nochmals den neusten Paolo Coelho zu lesen. Und selbst die kleinfamiliären Haushalte haben sich gewandelt. Das Wohnen hat sich dezentralisiert. Die Bewohnerinnen und Bewohner tanzen aus der Reihe patriarchaler und hausmütterlicher Ordnung. Nun ist das »eigene Zimmer« der Wohnmittelpunkt, der ein weltweit vernetzter, privat-öffentlicher Innen-Außen-Raum ist.[2]

Wohnen – sofern davon im herkömmlichen Sinn noch die Rede sein kann – ist indifferent und kontingent: »etwas, was so, wie es ist, war, sein wird, auch anders möglich ist« (Niklas Luhmann). Aktuell unterscheiden Soziologen zwölf Typen von Haushalten,[3] was eher untertrieben ist, da sich immer wieder neue und unbekannte Varianten bilden, insbesondere mit postpatriarchalen Perspektiven. Solche versprachen die jugendlichen Protagonisten der New Economy, die im Silicon Valley mit »flachen Hierarchien« und »kreativem Chaos« Weltkonzerne gründeten. Doch das »Ende der Väterherrschaft«, so die britische Journalistin Charlotte Higgins, findet bis anhin nicht in der Arbeitswelt statt, sondern in Familienstrukturen, deren Traditionen sich aufweichen: »In diesem Feld bewegt sich eine aufstrebende junge Frauengeneration, die Unterdrückung nicht verinnerlicht hat und versucht, Kinder außerhalb kleinfamiliärer Zwänge und Hierarchien aufziehen.«[4]

Es gibt demografische, emanzipatorische und lebensstilabhängige Motive für die stillen Revolutionen im Alltäglichen. Alle verlangen nach einer lebenspraktischen Anpassung, im Besonderen der Wohnformen. Doch sie findet nicht statt. Fast alles hat sich verändert, nur die »moderne Wohnung« nicht. Sie orientiert sich bis heute am fordistischen Modell der 1950er-Jahre, als die serielle Massenproduktion für den kleinfamiliären Massenkonsum angekurbelt wurde, der wirtschaftliches Wachstum und Wohlstand für alle versprach: ein Kühlschrank, ein Fernseher, ein Volkswagen, zwei Kinder und ein Blick ins Grüne. Dazu passte das Schema Wohn-/Ess-/Schlaf-/Kinderzimmer/Küche/Bad. Ob klein- oder großflächig – das Schema gilt auch heute als vermeintlich »bewährtes« Wohnmodell und wird *en masse* produziert, obwohl es ein Minderheitsprogramm und selbst für Kleinfamilien museal geworden ist.

Wie ist es möglich, am realen Bedarf und an den Bedürfnissen vorbeizuproduzieren? Eine solche Ignoranz wäre in anderen Branchen ruinös – wieso nicht in der Wohnbauindustrie? Die Frage ist so alt wie die Ursache des Problems:

Das chronische Unterangebot befreit den freien Wohnungsmarkt von der Notwendigkeit, sein Angebot der Nachfrage
anzupassen. Ein Produktfehler ist an einem Smartphone
folgenschwer, an einer Wohnung folgenlos. Eigentlich ist es
egal, was für eine Wohnung auf den Markt geworfen wird.
Wo Knappheit herrscht, ist alles begehrt.

Der freie Markt widerspricht seinem Versprechen und
schafft Unfreiheit. Und selbst die Ausnahme ist eine Täu-
schung, denn was als Glücksfall erscheint, erweist sich als
Notfall: Dort, wo Wohnungen leer stehen, will niemand wohnen, oder nur aus Not. Wahlfreiheit herrscht nur dort, wo
Elendsquartiere und andere Unzumutbarkeiten entstehen
oder bereits entstanden sind.[5]

Monetäre Potenz gilt als Voraussetzung für Wahlfreiheit
auf dem Wohnungsmarkt. Doch auch hier gibt es Grenzen –
besonders wenn es sich um Luxuswohnungen handelt. Sie
liegen im oder nahe zum Stadtzentrum und dienen vorwiegend als »sichere Anlage«. Für deren Verwertung sind die
Bodenpreissteigerungen um ein Vielfaches relevanter als
die Mieteinnahmen. Die mittelfristig zu erwartende Performance ist in den Verkaufs- oder Mietpreisen bereits enthalten, was selbst das Budget wohlhabender Klientel sprengen
kann. Citynahe Luxuswohnungen sind deshalb oft über
Jahre unbewohnt und warten auf ihre Wertsteigerung. So
geistern mitten in den Städten lichterlose Phantomhäuser,
die im Abendhimmel verschwinden und den umnachteten
Markt symbolisieren.[6]

Neben dem chronischen Unterangebot gibt es andere
Gründe, wieso die Wohnbauindustrie am volkswirtschaftlichen Bedarf vorbeiproduzieren kann. Während praktisch
alle anderen Waren von Konsum- beziehungsweise Verbrau-
cherschutzstiftungen auf Mängel und Unterschiede unter-

sucht und bewertet werden, gibt es keine Wohnungstests. Ein Vergleich unter Gleichen ergibt auch keinen Sinn. Das bedeutet nicht, dass alle Wohnungen gleich aussehen und keine Waren sind. Im Gegenteil. Sie werden produziert und gehandelt wie Waren und darüber hinaus als solche banalisiert – als das immer Gleiche, das den Gebrauch vorschreibt und zugleich einschränkt und zu teuer ist.

Mangelnde Wahl- und Vergleichsmöglichkeiten erzeugen eine kognitiv-ästhetische Blockade: Einengungen, Armseligkeiten und lebenspraktische Mängel scheinen uns selbstverständlich. Gelegenheiten, das vereinheitlichte, durchschnittliche Angebot zu individualisieren, sind selten, da sie auf erhebliche Hindernisse stoßen. Hausordnungen verbieten jegliche Veränderungen und Eingriffe, sofern solche im funktional fixierten Raumschema überhaupt möglich sind.

Sobald jedoch unverhofft Spielräume für eine Aneignung jenseits der Bevormundung entstehen, wenn zum Beispiel ein bevorstehender Abbruch eine Zwischennutzung erlaubt, werden Wohnungen *ad hoc* mehr oder weniger radikal umgebaut oder umfunktioniert.[7] Wer sich einmal mit einer solchen Erfahrung kurieren konnte, erfreut sich am Aha-Erlebnis und neigt dazu, in der klassischen Massenwohnung einen Notfall und in der Schrott-Ästhetik à la *Mad Max* einen Glücksfall zu sehen.

Die gegenwärtige Wohnbauproduktion hat ihr eigenes Paradox: Räume folgen Funktionen, die die Bewohnerinnen und Bewohner nicht befolgen (wenn sie die Möglichkeit dazu haben). Die Wohnbauindustrie kümmert sich nicht um Menschenbilder, sondern sie geht davon aus, dass wir sklavisch-mechanisch nachvollziehen, was ein Plan vorgibt. So folgt auf ein eindimensionales Menschenbild dessen architektonische Banalisierung. In Wirklichkeit stehen uns Lust und Launen näher als Zwecke. Das architektonische Subjekt ist nicht der modern-rationale, sondern der reflexiv-labile Mensch. Er sucht Räume mit wechselnden Eigenschaften, um sich selbst zu begegnen, was nicht Zellen und Korridore leisten können, sondern Räume mit Dazwischen-Raum (siehe dazu das Kapitel Aneignung).

2.
Die Wohnungsnot ist nicht ungewollt. Sie gehört zum Geschäftsmodell, das sich mit dem globalisierten Boden- und Immobilienbusiness ökonomisch und politisch radikalisiert hat.

Für die chronische Wohnungsnot – egal, ob sie sich als Unterangebot oder als hochpreisig manifestiert – gibt es eine quasi betriebsökonomische Erklärung: Die Immobilie verlangt eine Großinvestition, die ein hohes Risiko birgt. Werden Immobilien nicht gebraucht oder schlecht vermietet, sind ihre Besitzer ruiniert. Der Glaube an diese Bedrohung wird marktpolitisch abgesegnet. Das geizige Angebot – beziehungsweise das Unterangebot – sei »systemisch« begründet. Wohnungsnöte seien demzufolge unvermeidbar, weil sie Immobilienbesitz vor dem Ruin schützten.

Mit dieser Rechtfertigung wird das Geschäftsmodell verschleiert und werden die wirklichen Ursachen der Not ausgeblendet. Zum einen existiert die Immobilie nie für sich allein, sondern immer nur mit dem Boden, auf dem sie steht. In städtischen Lagen beträgt der Anteil des Bodenpreises am Immobilienpreis ein Drittel bis die Hälfte, an zentralen Lagen auch deutlich mehr. Dabei gilt: Je knapper das Angebot an Wohnungen, desto höher ist der Bodenanteil an der Miete.

Zum anderen leben wir nicht mehr in der Gründerzeit, als Besitzer ihr Haus selbst bewohnten und selbst verwalteten. Heute dominieren Immobilienkonzerne und Immobilienfonds, die mit Investitionsstrategien von Aktiengesellschaften sich der Städte bemächtigen. Dazu gehören *Highrisk*-Immobilien, eine radikale Ökonomisierung und ein »zwanghaftes Wachstum« (Hans Christoph Binswanger), dem die Vermietungspraxis und die Vermarktung unterworfen werden. Damit wird das spekulative Risiko zwar erhöht; zugleich wird es abgefedert, da die Wertsteigerung des Bodens zuverlässiger ist als die der Immobilie.

Eine hohe Besteuerung von Bodeneigentum würde der sicheren Beute den Boden unter den Füßen entziehen, was aus volkswirtschaftlicher Optik sinnvoll wäre. Schließlich handelt es sich hier um ein stetig wachsendes Grundeinkommen, das Bodeneigentümer leistungsfrei abschöpfen und das zusätzlich mit Gratifikationen aus öffentlichen Geldern angereichert wird, etwa wenn einzelne Grundstücke oder Stadtteile infrastrukturell aufgewertet werden und infolge dessen die Bodenpreise zusätzlich ansteigen.

In den meisten europäischen und amerikanischen Städten werden Bodenpreise seit der Nachkriegszeit mehr oder weniger genau erfasst. Sie sind heute im Vergleich zu den 1950er-Jahren (inflationsbereinigt) drei- bis vierhundertmal höher.[8] Seit der Jahrtausendwende sind jährliche Bodenpreissteigerungen von 10 oder mehr Prozent üblich. Nicht flächendeckend freilich, aber dort, wo Städte wachsen oder wachsen werden, was weltweit der Regelfall ist und in den Metropolen besonders extensiv geschieht.

Wenn keine staatlich verfügte Bremse eingebaut wird,

sind Boden- mit Mietpreissteigerungen verbunden. Seit der Jahrtausendwende haben sich die Mieten in den größeren Städten verdoppelt oder verdreifacht – bei mehr oder weniger gleichbleibenden Löhnen. Aktuell verstärkt sich der Trend, dass entsprechende Verteuerungen der Lebenskosten sich von den Metropolen auch auf Mittel- und Kleinstädte ausweiten.

Politisch wirksame Widerstände sind bis anhin selten. Allenfalls kommen sie bei aktuellen Volksabstimmungen zum Ausdruck, bei denen wohnbaupolitische Trendwenden eine Mehrheit finden. Massenmedien leisten ihren Beitrag zur Entpolitisierung, wenn sie Wohnungsnöte mit empörenden Homestories als Schicksalsschläge personalisieren.

Aufgrund dieser Zusammenhänge, und innerhalb der neoliberalen Logik, ist für die Immobilienaktie nicht die Großinvestition das Risiko, sondern es gilt umgekehrt: Je größer die Investition und je knapper und teurer der Boden, desto kleiner das Risiko und desto größer die Performance. Das offene Aktionsfeld für die Immobilienaktie bedeutet allerdings nicht, dass sie gegen Fallgruben gesichert ist. Ein Beispiel: Ein New Yorker Immobilienfonds ortete mithilfe digitaler Globaldaten ein Investitionsfeld in der Nähe von Kairo und begann nach der Jahrtausendwende, *gated communities* für den gerade neu entstandenen, gehobenen Mittelstand für mehrere Milliarden US-Dollar zu bauen. Als die erste Siedlung fertiggestellt war, stellten die Fondsmanager fest, dass Gefahren nicht in der von einer privaten Polizeigarde bewachten Residenz drohten, sondern auf dem vierzig Kilometer langen Heimweg von Kairo, auf dem die Hauseigentümer überfallen wurden. Die New Yorker Investoren sahen sich gezwungen, einen Baustopp für die vorgesehenen weiteren Bauetappen zu verhängen.

Wenn, wie in diesem Fall, lokale Besonderheiten aus dem Blickfeld globaler Wahrnehmung fallen, ist das auch für einen Immobilienfonds fatal. Doch weder solche Realitätsverluste noch vorübergehende Preiseinbrüche ändern etwas daran, dass das aggressive Potenzial des Immobilienkapitals sich evident erhöht hat und, wie erwähnt, die Hauptursache für eine zunehmende Entdemokratisierung der Städte ist.

Mit der Machtverschiebung geht auch ein Mentalitätsbruch einher. Während herkömmliche Hausbesitzer als Stadtbewohner und als Vertragspartner noch identifizierbar waren, betreiben anonyme Investorengruppen eine Geldmaschine, die ohne Gegenwehr erbarmungslos nach den Börsenregeln angekurbelt wird.

Da für die Beschleunigung der Aktienperformance steigende Bodenpreise relevanter sind als Mieteinnahmen, werden – gewissermaßen als temporäres Abfallprodukt – Phantomimmobilien ausgesondert, die nur den Anschein erwecken, als wären sie bewohnte Häuser. Das bedeutet nicht, dass vorsätzlich auf Mieteinnahmen verzichtet wird. Die Immobilie ist aber im Gegensatz zum Boden austauschbar und insofern nicht wertvermehrend, sondern mehr oder weniger werterhaltend. Dem instabilen Kapital steht also der Boden als stabiles Kapital gegenüber. Letzteres vermehrt sich, je knapper der Boden wird. Und dieser bedarf im Gegensatz zum instabilen Kapital keines Unterhalts.

Immer und überall ist es freilich nicht möglich, Boden unbebaut zu horten oder, auch eine Variante, alte Immobilien einfach verlottern zu lassen. Umso mehr vergegenständlicht die »ideale Aktie« Bodeneigentum ohne Immobilie. Das angestrebte Ideal kann auf politische Widerstände stoßen, wird aber im Gegenteil auch staatlich gefördert, indem der Boden ohne Immobilie steuerfrei ist.[9] Was volkswirtschaftlich abträglich ist, dient den Aktiengesellschaften und benachteiligt Gemeinnützige und Pensionskassen, die mehr oder weniger dem moralischen Kodex verpflichtet sind, mit der Immobilie nicht bloß zu handeln, sondern sie auch zu gebrauchen. Das bedeutet, dass sie zwar mit den gleichen Verwertungsbedingungen und Wertsteigerungen rechnen können, aber nicht davon profitieren.

Börsenstrategen suchen nach politisch stabilen und marktfrommen Städten, die mitten in ihren Zentren auch in Zeiten von Wohnungsnot Leerstand dulden. Das ist nicht überall der Fall, wohl aber dort, wo auf den neoliberalen Beutezügen keine Gegner in Sicht sind. Was politische Gegnerschaft bedeuten kann, zeigt eine holländische Episode aus den 1970er-Jahren, als die damalige Deregulierung zurückgenommen wurde: Die Staatsregierung verkündete die gesetzlich legitimierte Aufforderung, leer stehende Häuser und Wohnungen zu besetzen, was denn auch geschah und die »huizen-breken«-Bewegung auslöste. Diese legalisierte Enteignungsart würde heute die Immobilienaktie wohl in den freien Fall stürzen lassen.

Marktfromme Städte sind auch im Visier der Weltkonzerne. Diese verfolgen zwar nicht dieselben Interessen wie globale Immobilienfonds, bevorzugen es aber auch, im großen Stil und in ganze Stadtteile zu investieren. Das unterstützt eine Marktmonopolisierung, die die lokale Immobilienbranche aus dem Markt verdrängt, was nicht nur in den Metropolen, sondern inzwischen auch in mittleren Städten geschieht. Wo sich globale Investitionsmacht etabliert, schwinden die Möglichkeiten, die Stadtentwicklung im Interesse der Stadtgesellschaft zu lenken.

Dublin ist dafür exemplarisch. Google, Facebook, Twitter, Pfizer u.a. haben ihre Europa-Hauptquartiere in der fast tausend Jahre alten Stadt aufgeschlagen. Apple bezahlt 0,1 Prozent an Steuern – legal, ohne Schlupflöcher, wie der Konzern betont. Tiefe Steuern sind ein Motiv für die Standortwahl, das andere ist das hindernisfreie Jagdgebiet: Die Konzerne konnten sich ungehindert der Stadt bemächtigen. Das alte Stadtbild Dublins war von vier- und fünfgeschossigen Backsteinhäusern geprägt. Diese werden nun von gigantischen Glastürmen übertrumpft, die auch die Kirchtürme in den Schatten stellen. Die »Machtberedsamkeit in Formen« (Nietzsche) scheint in Dublin den Übergang von der katholischen zur Global-Kapital-Religion zu verkünden. Die Kombination von Rücksichtslosigkeit und schlechtem Geschmack ist die harmlose Seite dieser Machtentfaltung. Verheerender sind die Spekulationswellen, die sie auslöst. Dabei sind IT-Konzerne in der Regel nur indirekt beteiligt. Das Immobilien- und Abbruchgeschäft überlassen sie anderen. Alte Arbeitersiedlungen wurden vollständig abgerissen und damit Wohnungen für Normalverdiener. Nun sind Zimmer in einer Wohngemeinschaft nicht unter 1000 Euro und eine Einzimmerwohnung nicht unter 1800 Euro zu haben. Wenn eine Sozialwohnung ausgeschrieben ist, melden sich rund 20000 Bedürftige. Obdachlos sind selbst Angestellte, die zwar einen Job haben, aber keine Wohnung finden. In Dublin kursieren Anleitungen, wie man in einem Auto und in Fitnesszentren überleben kann.

Auch für die relevanten Nebenwirkungen des Globalbusiness ist Dublin exemplarisch. Die Stadt hat sich insgesamt verändert. Der einst lebendige, urbane Alltag – Dublin ist seit jeher das Zentrum der irischen Brauereiwirtschaft – ist trostlos geworden. Viele Pubs, Restaurants, Läden sind aus dem öffentlichen Raum verschwunden und in die Schaltzentralen der Weltkonzerne verlegt worden. Sie haben sich eine private Stadt in der Stadt gebaut.

Dublin ist ein Extremfall. Doch mehr oder weniger ähnliche Niederschläge globaler Investitionsmacht sind in allen Städten zu beobachten, die im Raubzug der Weltkonzerne und Immobilienfonds ins Beuteschema passen. Eine Gegenüberstellung von Dublin mit den Industrielandschaften des 19. Jahrhunderts offenbart den historischen Bruch innerhalb der Reformgeschichte der bürgerlichen Gesellschaft. Industrielandschaften waren ein Modell, um Kapital, Arbeit und Umwelt zu versöhnen. Öffentliche Parks, Kosthäuser, Arbeitersiedlungen und Krankenversicherungen gehörten zum Programm. Nun scheint es, dass die versöhnlichen Industrielandschaften den unversöhnlichen Tempeln der Weltkonzerne weichen, die das Öffentliche und die Stadt selbst ausgrenzen, um sich ihrer zugleich zu bemächtigen.

3. Die private Verwertung von Boden und dessen stetige Verknappung sind der »historische hangover« der Wohnungsfrage. Ist es möglich, Boden zu sozialisieren und den freien Markt zu erhalten?

Der Schweizer Schuhfabrikant Carl Franz Bally gehörte in den 1860er-Jahren zu den Pionieren der Industrielandschaft. Diese bestand aus den Fabrikgebäuden, der Villa des Patrons, Wohnhäusern für die Arbeiter, sozialen Einrichtungen und einem Kosthaus, einem eigenen Kraftwerk, Lagerhäusern und einer großen Parkanlage, die als Erholungsraum für die

Arbeiterschaft und die Nachbarn diente. Die firmeneigenen Arbeiterhäuser waren zwar klein, aber augenfällig schmucker als die zweckdienlich erscheinende Villa der Fabrikantendynastie. Und das Kosthaus war ein architektonisches Prunkstück.

Bally und andere Fabrikanten seiner Zeit waren bemüht, ihren Arbeitern angenehme, der Gesundheit zuträgliche Lebensumstände zu bieten, nachdem sich in der ersten Phase der Industrialisierung in damals noch kasernenartigen Unterbringungsanstalten ein Wohnungselend ausgebreitet hatte. Cholera und andere Krankheiten drohten von den Arbeiterquartieren auf die Villenquartiere überzuschwappen. Beunruhigt von der Gefahr, sah sich die herrschende Klasse veranlasst, Gesundheit als unteilbares, kollektives Gut zu verstehen. Folglich kümmerte sich der Patron auch um eine Krankenversicherung und Grünflächen zur Naherholung. Industrielandschaften versöhnten Kapital und Arbeit – und darüber hinaus Kapital und Gesundheit.

Der angestrebte Arbeitsfrieden untermalt das ikonografische Programm, das inzwischen denkmalgeschützt ist. Auf eine augenfällige Demonstration von Reichtum hat der Patron nicht bloß verzichtet. Seine puristische Villa bildet einen ästhetischen Kontrast zu den dekorierten Arbeiterhäusern mit Kleingärten, die an den öffentlichen Park angrenzen. Der Klassengegensatz ist – so weit, wie möglich – unsichtbar. Hinter dieser Bilderpolitik stand nicht die Selbstlosigkeit des Patrons, sondern das Interesse, schlummernde Widerstandspotenziale der Arbeiterklasse nicht zu provozieren. Dennoch kam es Anfang des 20. Jahrhunderts auch in den Bally-Fabriken zu Streiks. Mit den Industrielandschaften und den dortigen firmeneigenen Wohnungen gingen neue Abhängigkeiten einher, die auf die Reproduktionssphäre der

Arbeitskraft ausgeweitet wurden. Gegen die doppelte Verfügungsmacht über Arbeit und Wohnen regten sich Ende des 19. Jahrhunderts in den meisten industrialisierten europäischen Ländern Widerstände. Diese setzten einen ästhetisch-politischen Durchblick voraus, der als Ursprung der Wohnbaugenossenschaften gelten kann: Die Industrielandschaften und ihre versöhnende Bilderstrategie wurden als Bluff durchschaut.

Bis heute sind Genossenschaften und andere Gemeinnützige ein Versuch, sich von den Abhängigkeiten des freien Marktes zu befreien. Oder im sozialdemokratischen Selbstverständnis: Sie springen in die Lücke, die sich dort auftut, wo der freie Markt versagt. Die Praxis ist rund hundert Jahre alt; sie wartet immer von Neuem auf ihre aktuelle Bewährung und reibt sich bis heute am inneren Widerspruch: Inwieweit ist eine Alternative außerhalb des freien Marktes und des Bodeneigentums realisierbar, wenn sie gleichzeitig innerhalb dieser Logik stattfinden muss? (Siehe auch 6.)

Eine andere Antwort auf das Versagen des Wohnungsmarkts sind Notbremsen. Sie werden in Gang gesetzt, wenn Mietpreissteigerungen den Arbeitsmarkt beunruhigen. Das heißt: wenn steigende Mieten steigende Löhne erfordern würden. Oder umgekehrt, aus der Optik des Immobilienmarkts: wenn sinkende Löhne sinkende Mieten zur Folge hätten. Dieser Logik folgt der freie Markt nicht, so wie dieser als Ganzes weder koordiniert noch existent ist. Immobilienmarkt und Arbeitsmarkt stehen sich antagonistisch gegenüber. Was dem einen nützt, schadet dem anderen.

Die Industrielandschaften, in denen Immobilien- und Arbeitsmarkt fusionierten, lösten diesen Widerspruch auf – vorübergehend, als Episode. Heute ist es naheliegend, die alten Industrielandschaften zumindest hypothetisch mit den möglichen Sci-Fi-Szenarien von Industrie 4.0 in einen Zusammenhang zu setzen: Immobilienmarkt und Robotermarkt fusionieren, um sich gegenseitig zu bedienen. Die Wohnfläche kann auf eine Maschinenstellfläche von wenigen Quadratmetern reduziert werden, was die Reproduktions- und Lohnkosten minimalisiert, sodass ihre Relevanz aus dem Leben in die Geschichtsbücher verschwindet.

Noch dominiert der Arbeits- gegenüber dem Immobilienmarkt – politisch und ökonomisch. Das heißt: Dem Immobilienmarkt käme es gelegen, wenn steigende Mieten durch Lohnerhöhungen abgefedert würden. Dagegen gibt es wirtschaftspolitische Widerstände, welche die Niedriglohnkonkurrenz auf dem globalen Arbeitsmarkt ins Feld führen. Notbremsen bei Mietpreissteigerungen dienen folglich als Selbstschutz all jener Unternehmen und Konzerne, die an den Arbeitsmarkt an einem bestimmten Ort gebunden sind. Dafür greift der Staat in Form von Regulierungen ein. Sie öffnen ein Spektrum, das von örtlichen Mietbremsen, Subventionen, Bodensteuern, Mehrwertabschöpfungen bis zu Einzelverhandlungen über »bezahlbare Wohnungen« zwischen Staat und Investoren reicht. Solche Notbremsen, die gerade in neuerer Zeit mehr oder weniger druckvoll eingesetzt werden, können Wohnungsnöte vorübergehend mildern – aus der Welt geschafft werden sie dadurch nicht. Tagespolitische Reflexe oder bevorstehende Wahlen können Marktregulierungen veranlassen, die mal eingesetzt, dann wieder abgeschafft werden. Zudem können Konzerne allenfalls ihre eigene Notbremse ziehen und Arbeitsplätze an Wohnorte mit geringeren Lebenshaltungskosten verlegen – von Stuttgart nach Dresden (Porsche) oder von San Francisco in den asiatischen Raum (Nike) zum Beispiel.

Wirksam wären diese Notbremsen nur, wenn sie beim Motor selbst greifen würden: beim Geschäftsmodell. Dieses setzt ein knappes Wohnungsangebot voraus, das zwangsläufig in Wohnungsnöte übergeht. So stellt sich die Frage, die auch die Genossenschaften und Gemeinnützigen aufwerfen: Tangieren die Regulierungen die private Verfügungsmacht über den Boden und die Wohnbauproduktion, und tun sie das in einem Ausmaß, das über eine temporär krisenabfedernde Angebotsnische hinausreicht?

Die dialektische Formel vom »Außerhalb im Innerhalb« – von Regulierungen und Reformen innerhalb des Kapitalismus – war für Engels naiv und illusionär. Ihm schwebte vor, das Bodeneigentum bedingungslos abzuschaffen. Wenn auch nicht in dieser apodiktischen Version, so ist doch bemerkenswert, dass Engels' Einschätzung heute auch jenseits eines Links-Rechts-Spektrums geteilt wird, und zwar sowohl von Stadtwissenschaftlern und Volkswirten als auch von konservativen Parteifunktionären.

Der Frankfurter Planungsdezernent Mike Josef hat seine Bemühungen um Wohnbaureformen aufgegeben, weil »wir keine Wohnungskrise, sondern eine Bodenkrise haben«. Für den Stadtforscher Andrej Holm ist »das Grundrecht auf Wohnen nicht zu haben, ohne dass der Boden sozialisiert wird«. Und der grüne Stadtbaurat von Berlin-Kreuzberg, Florian Schmidt, hat es sich zur Aufgabe gemacht, »die Stadt zurückzukaufen«. Aus der rechtsbürgerlichen Ecke wird verkündet, dass die »wichtigste soziale Frage dieser Zeit sich um das Wohnen dreht«, so der ehemalige CSU-Chef und Bundesminister für »Bauen und Heimat«, Horst Seehofer, der 2018 einen »Wohn-Gipfel« einberufen hat, um eine »Bodenwende« zu erörtern. Auch wenn sie in Deutschland besonders dezidiert »in Diskussion« ist – Globalisierungseffekte und die damit verbundene deregulierte Bodenverwertung haben mehr oder weniger alle Städte erfasst, was auch Stadtanalysen von UN-Habitat bestätigen.

Bekenntnisse für Bodenreformen stehen freilich auf der Seite des Problems und nicht auf der Seite einer Lösung. Ihre bloße Ankündigung kann das Problem vertiefen: Im Sog neoliberaler Deregulierung, die der Thatcherismus der 1980er-Jahre forcierte, sind öffentlicher Boden und städtischer Wohnungsbestand zunehmend an Private verkauft worden. In Dresden wurde sogar der gesamte stadteigene Wohnimmobilienbesitz zu einem Spottpreis an einen US-Konzern verhökert. Zugleich ist der Sozialwohnungsbestand geschwunden; in Deutschland hat er sich seit der Jahrtausendwende halbiert.

Auch wenn die Privatisierung der Städte nicht flächendeckend erfolgt ist – der Boden, den zu sozialisieren es gälte, fehlt, sei es für städtische, genossenschaftliche oder andere gemeinnützige Bauträger. In einigen Städten ist nun auch in dieser Hinsicht von einer Notbremse die Rede. Das Bodeneigentum soll mit einer hohen Besteuerung quasi sozialisiert werden, um so zumindest teilweise und indirekt die Verfügungsmacht zu entprivatisieren. Dominique Gillot, Staatssekretärin für Soziales in der Regierung Jospin, drohte um das Jahr 2000 mit einer solchen Steuer für Frankreich, die aber nie konkretisiert wurde. Ähnliches gilt für Deutschland, das über eine Reform der Grundsteuer räsoniert.

Noch scheint bereits der bloße Gedanke an eine Eigentumsbeschränkung auf eine Gegenmacht zu stoßen – wer den Boden enteignet, zersetzt damit die Fundamente des Kapitalismus. Das Fazit ist, dass die Dringlichkeit von Bodenreformen zwar unbestritten ist, ihre aktuellen Ankündigungen sich jedoch selbst infrage stellen: Wie kann private Verfügungsmacht über den Boden gestutzt und gleichzeitig der freie Markt aufrechterhalten werden? (Siehe dazu auch 9.)

4.
Fester Bestandteil der Wohnmiseren ist, dass sie bestritten werden und hinter Durchschnittswerten verschwinden.

Bestritten werden Wohnmiseren zum einen mithilfe von Zahlenakrobatik, die »durchschnittliche Mietpreise« vorführt, was die Wohnungsnot neutralisiert und die Kritik am Wohnungsmarkt entpolitisiert; zum anderen wird ein wachsender Wohnflächenkonsum beklagt, der angeblich beweist, dass die Wohnungsnot selbst verschuldet sei. Der Durchschnitt wie auch die Rede von der Selbstverschuldung verunklären aus unterschiedlichen Gründen das wirkliche Geschehen.

Viele Studien und Forschungen schöpfen ihre Erkenntnisse und Schlussfolgerungen aus einer Kette von Durchschnittswerten. In Wirklichkeit ist der Durchschnitt eine Mischung aus Aberglauben und Denkfehlern. Durchschnittliche Flusstiefen können nicht nur für Nichtschwimmer verhängnisvoll sein – mit dem Durchschnitt wird jene Realität ausgeblendet, die für alle Einzelnen relevant ist. Das gilt im Besonderen, wenn der Durchschnitt sich auf das Wohnen und dessen Kosten bezieht.

Es gibt zwar einen rechnerischen Anhaltspunkt für angemessene Mietkosten, der nicht als Durchschnitt, sondern als Verhältnis definiert ist. Eine grobe Faustregel, die unter anderem UN-Habitat und der OECD als Orientierung dient, lautet: Die Mietkosten sollen nicht höher als ein Drittel des

Einkommens sein. Doch auch dieses Verhältnis ist trügerisch, wenn etwa von der OECD pauschal behauptet wird, dass im Durchschnitt nur 20 Prozent der europäischen Bevölkerung mehr als ein Drittel ihres Einkommens fürs Wohnen ausgeben. Wenn man die Betrachtung auf niedrige Einkommen eingrenzt, steigt der Anteil auf 40 bis 60 Prozent – nicht nur in Griechenland, sondern in fast allen europäischen Großstädten und in neuerer Zeit auch in mittleren Städten. Und wenn dabei noch berücksichtigt wird, dass Niedriglöhne für 30 bis 40 Prozent der Arbeitsplätze gelten und Teilzeitjobs zur statistischen Grauzone gehören, dann drängt sich vielmehr die Schlussfolgerung auf, dass die große Mehrheit mit Wohnungsknappheit und hohen Mietpreisen zu kämpfen hat. Das bestätigen zudem andere Untersuchungen, die weniger zahlenlastig sind.[10]

Während sich seit der Jahrtausendwende die Mietpreise verdoppelt oder verdreifacht haben, sind die Löhne im selben Zeitraum kaum gestiegen, in einzelnen wachsenden Berufsbranchen allenfalls um 10 Prozent. Auch aus diesem Zusammenhang heraus bestätigen andere Studien,[11] dass gemäß der besagten Faustregel aktuell deutlich mehr als die Hälfte der Stadtbevölkerungen über ihren Verhältnissen lebt beziehungsweise wohnt, teilweise sogar zwei Drittel, wie etwa in London, München oder Zürich. In ländlichen Gebieten ist das Verhältnis freilich anders. Die tieferen Mieten müssen aber mit Zeitverschleiß, Pendlerkosten und erhöhtem CO_2-Ausstoß erkauft werden, oder mit tieferen Löhnen in strukturschwachen Regionen.

Man kann rechnerische Erhebungen generell anzweifeln, weil sowohl Lebensstile als auch der Umgang mit Geld individuell sind, was keine Statistik erfasst. Ein unbestreitbarer Beleg für die Wohnungsnot in den Städten ist aber ein simples, immer wieder zu beobachtendes Ereignis: Wenn eine erschwingliche Wohnung besichtigt werden kann, bilden sich vor der Tür Menschenschlangen von zwei- bis dreihundert Metern Länge.

Selbst dieser augenfällige Befund kann den Statistikglauben nicht erschüttern. Es handle sich um eine »Vortäuschung falscher Tatsachen«, meldete kürzlich eine Stadtbehörde in Zürich, die die Schieflage zu relativieren versuchte, indem sie Beispielen von extremen Mietpreissteigerungen durchschnittliche – fiktive – Mietpreise gegenüberstellte. Über den Realitätsverlust empörte sich die große Mehrheit der Stadtbevölkerung, die nicht in den Durchschnitt passt; sie forderte eine Stadtverwaltung, die nicht »von einem anderen Stern kommt«, sondern von da, wo Angestellte der Serviceindustrie kein Zimmer unter 1000 Franken finden.[12]

Realitätsfremd ist auch die Vorstellung, dass »durchschnittlich« gewohnt wird. Egal, was für Wohnungen zur Verfügung stehen – ihr Gebrauch wird individualisiert und, soweit das möglich ist, auch zweckentfremdet als Büros, virtuelle Firmen, Ateliers und vieles mehr. In diesen Fällen gehört zum Wohnen auch Nicht-Wohnen, was in der Regel mit einem erhöhten Flächenbedarf verbunden ist, der andernorts Fläche einspart.

Auch Kinder und Jugendliche nutzen ihr eigenes Zimmer nicht durchschnittlich, aber anders als in prädigitalen Zeiten. Das eigene Zimmer ist der Mittelpunkt; es wird heute intensiver und vielfältiger gebraucht, was nur bedingt auf den Verlust von öffentlichen Räumen zurückzuführen ist. Im heutigen Alltag koexistieren analoge mit digitalen Spiel- und Lernwelten – mit Folgen für das Wohnen und den öffentlichen Raum, die vermutlich irreversibel sind. Es ist allerdings ein Trugschluss, wenn mit der Digitalisierung und ihren Netzen ein Zerfall analoger Öffentlichkeit und Urbanität diagnostiziert wird. Entgegen der Befürchtung hat beides sich seit den 1990er-Jahren neu und vielfältiger formiert – über vernetzte Milieus und Schwärme. Und weniger auf der Piazza, auf dem Dorfplatz oder dort, wo Touristen zirkulieren, sondern in Niemandsländern, auf Brachen, an unbekannten Orten, wo *ad hoc* Mikroöffentlichkeiten auftauchen und wieder verschwinden wie flottierende Rhizome.[13]

Das Verhältnis zwischen privatem Wohnen und öffentlichem Alltagsleben prägt eine Stadt, einschließlich ihrer Ökonomie und ihrer Entwicklungsmöglichkeiten. Ausschlaggebend ist, wie verfügbarer Boden und Wohnraum verteilt sind: ausgewogen oder verschleißend. Den erwähnten flächenreichen Wohnformen stehen flächenarme gegenüber. Diese sparsame Version bevorzugen nicht nur Alternativmodelle, die sich im Kollektiv organisieren, sondern auch deren Gegenmodell: »lokale Urbaniten« und Singles, die private Gemeinschaften und erzwungene Nachbarschaften meiden. Die Liebhaber städtischer Geselligkeit tauchen tagtäglich ins Stadtleben und beschränken ihren privaten Haushalt auf eine minimale Infrastruktur. Die haushälterische fließt in urbane Energie.

Der »durchschnittlich gestiegene Flächenbedarf« ist also im doppelten Sinn irreführend. Erstens ist es der gestiegene Anteil von Luxuswohnungen, der den Durchschnitt in die Höhe treibt. Zweitens entspricht »mehr Fläche« jenseits von Luxus einem realen Bedarf an einem intensiveren und zweckentfremdeten Gebrauch. Und umgekehrt wächst der Bedarf an flächenreduzierten Wohnformen. (Siehe auch 5.)

Die »selbst verschuldete Wohnungsnot« erweist sich als ideologische Rhetorik, die die Funktionstüchtigkeit eines nicht funktionierenden Wohnungsmarkts verteidigt. Für die große Mehrheit ist das Wohn-/Ess-/Schlaf-/Kinderzimmer/Küche/Bad-Schema nicht nur veraltet, sondern lebensenergieverschleißend. Egal, ob es sich um eine kleinere oder größere Wohnung handelt. Weder die heterogenen Wohnbedürfnisse noch der vielfältige Gebrauch passen in ein Schema. Es stellt sich nicht die Frage, welche Funktionen und wie viele Quadratmeter eine Wohnung anbietet, sondern welche Spielräume sie öffnet – für Unbekanntes, Provisorisches und Unvorhersehbares.

Die Wohnbauwirtschaft kann mit der Rückständigkeit ihrer Produkte nicht nur gut überleben. Die Rückständigkeit ist vielmehr Bestandteil des Geschäftsmodells, das Knappheit mit schlechter Ware kombinieren kann. Dabei entsteht offensichtlich ein Widerspruch zum volkswirtschaftlichen Interesse; er konkretisiert und verschärft sich zugleich durch die erpresserische Marktsituation: Der Wohnungsmarkt profitiert vom Nachfrageschock.

5.
Die sogenannte »bezahlbare Wohnung«, die Stadtregierungen heute versprechen, ist keine karitative Angelegenheit.

Es sind nicht nur Opfer von Niedriglöhnen, Sozialhilfeempfänger oder Alleinerziehende, die anderes im Sinn haben, als schöner und teurer zu wohnen. Der demografische Wandel bringt Lebensentwürfe mit sich, die sich nicht oder nur teilweise an familiären Mustern orientieren – wie etwa das erwähnte, stark anwachsende Milieu »lokaler Urbaniten«, das in vielen Städten 20 Prozent der Bevölkerung ausmacht. Das Low-Budget-Wohnen ist eine Voraussetzung für eine Lebensform, die das öffentliche Alltagsleben gegenüber dem Rückzug ins Private bevorzugt – und damit die Stadt belebt. Diese gesellige und stadtliebende Lebensweise ist nicht neu, ist also nicht nur eine Folge des demografischen Wandels; sie gehört zur Stadt, so wie sie diese schafft. Wenn entsprechende Angebote zur Verfügung stehen – wie etwa in den 1920er- und 60er-Jahren in Paris und in Berlin –, werden sie auch wahrgenommen.

Der Drang, in die Städte zurückzukehren, zieht sich durch alle Generationen und sozialen Schichten. Weil sich die Arbeits-, Bildungs- und Dienstleistungsangebote verstärkt in den größeren und mittleren Städten konzentrieren, wächst auch der Anteil der jüngeren Bildungs- und Berufswanderer. Sie finden in den Städten bessere Möglichkeiten für den Berufseinstieg. Den Analysen des Berlin-Instituts für Bevölkerung und Entwicklung zufolge wird »dieses bildungs- und jobsuchende Milieu in der Wissensgesellschaft weiter anwachsen [...] auf 30 bis 50 Prozent der Stadtbevölkerung«[14]. Dieses Milieu ist nicht aus lebensstilmotivierten, sondern aus beruflichen und Bildungsgründen auf Mietpreise angewiesen, die ihrer Lebenssituation entsprechen.

Jenseits vom karitativen und ökonomischen Kontext ist das vielfältige Wohnungsangebot also eine Voraussetzung dafür, dass die Stadtentwicklung nicht den demografischen Entwicklungen hinterherhinkt. Das heißt, dass Bildungs- und Berufswanderer, das Servicepersonal, »lokale Urbaniten« und weitere Milieus, die in keinen Durchschnitt passen, die Mehrheit der Stadtbevölkerung bilden. Eine Mehrheit, die weder große noch teure Wohnungen wünscht oder solche ohnehin nicht bezahlen kann.

Das entspricht auch der Wiener Erfahrung. »Wohnen für alle« konkretisiert ein Angebot, das den freien Wohnungsmarkt dominiert und ihn zugleich unter Druck setzt, sich am volkswirtschaftlichen Bedarf zu orientieren. Der Gewinn ist sozialer Zusammenhalt anstelle sozialer Stigmatisierung. Ein Zusammenhalt, der zur emotionalen Verbundenheit wie auch zum politischen Bewusstsein beiträgt, in der eigenen Stadt zu leben, auch wenn sie nicht im eigenen Besitz ist.

Die beschriebenen Milieus neigen dazu, weniger in der eigenen Innenwelt als in der Stadt zu wohnen. Insofern haben sie kein Interesse an großen und kostspieligen Wohnungen. Auch »alternative Wohnformen« begnügen sich in der Regel mit geringen Flächenansprüchen; sie organisieren aber weniger Geselligkeit nach außen und mehr Gemeinschaft nach innen. Man kann das entsprechende soziale Muster skeptisch beurteilen. Der Soziologe Richard Sennett verbindet es mit »zwanghafter Brüderlichkeit« und »repressiver Toleranz«. Unabhängig davon, ob solche Modelle kritisch oder affirmativ beurteilt werden: Es gibt zu wenig davon. Sie sind ein weiterer Beleg für den unbefriedigten Bedarf an nicht durchschnittlichen Wohnformen – für eine Sehnsucht, die der herrschende Wohnungsmarkt bereits im Keim erstickt. Der Nachfrageschock trifft also nicht nur den Rand und die Mitte der Gesellschaft, sondern alle, die nicht im »Durchschnitt« wohnen wollen. Ein Durchschnitt, hinter dem nicht nur die Wohnungsfrage, sondern gesellschaftliche Realitäten verschwinden.

Der Nachfrageschock ist eine Folge der Marktvergötterung, und der sogenannte »Rechtsrutsch« ist deren Säkularisierung: Bei den Verlierern auf dem Wohnungsmarkt mischen sich Angst, Neid, Frustration, Empörung – Sündenböcke sind schnell ausgemacht. Aus diesem Grund ermahnte der ehemalige Bundesminister für Wohnungswesen, Franz Müntefering, alle links-grünen Regierungen: »Jede kostengünstige Wohnung ist eine Stimme weniger für Rechtspopulisten.« Und das ist dann auch geschehen – allerdings *ex negativo:* Die Wohnungsnot unterstützt den rechtspopulistischen Schub und bedroht den Rechtstaat.

6.
Ist es der Zweck von »bezahlbaren Wohnungen«, Niedriglöhne zu ermöglichen? Oder entstehen Niedriglöhne, weil es keine »bezahlbaren Wohnungen« gibt?

Von Niedriglöhnen sind vor allem Arbeitsplätze der Service- und Gastronomieindustrie betroffen. Der Anteil bewegt sich in den Städten um 30 Prozent, Tendenz steigend, da solche Dienstleistungen nur teilweise oder gar nicht automatisierbar sind. Die Serviceindustrie ist die materielle Basis für den städtischen und beruflichen Alltag, inklusive für seine dekontaminierte Erscheinung. Das urbane Leben ist auf die Dienste der Serviceindustrie angewiesen, ohne sie ist kein städtischer Zusammenhalt möglich. Dieser Zusammenhalt zerfällt aber, wenn dem Servicepersonal angemessene Angebote an Wohnungen fehlen. Wenn es in die Agglomeration flüchten muss, wird aus dem Service- ein Pendlerproletariat. Tiefere Mieten werden mit verlängerter Arbeitszeit durch Selbstbeförderung bestraft. Studierende und Berufslernende teilen ein ähnliches Schicksal. Entweder sind sie dem postadoleszenten Zwang ausgeliefert, wenn sie ins Kinderzimmer bei Mutter und Vater zurückkehren müssen, oder dem Gruppenzwang, wenn sie in einer überbelegten Wohngemeinschaft Unterschlupf finden müssen.

Stadtregierungen übersehen den Mangel an »bezahlbarem Wohnraum« freilich nicht. Auch nicht die Folgen für die Stadtentwicklung und den urbanen Alltag. Neben vielen Hinweisen auf politische Hindernisse gibt es den Einwand, der auch von links kommt, dass Mietpreisregulierungen nach unten Steuern nach oben verringern, was für die Stadtökonomie bedrohlich werden könne. Der Einwand ignoriert den erwähnten Zusammenhang, dass ein angemessenes Wohnungsangebot eine Voraussetzung ist, damit sich eine Stadt selbst erhalten und unterhalten kann. So gerät die Politik der Steuerperformance in die Falle, die sie sich selbst stellt: ökonomisch überleben, um urban abzusterben – siehe Dublin.

Einige Städte haben erkannt, dass ihr Reichtum kein Segen ist, so wie angemessene Mietpreise keine karitative Angelegenheit sind. In München zum Beispiel wurde in den letzten rund zehn Jahren mit Investoren ausgehandelt, dass sie ein Drittel der neuen Wohnungen mit Kostenmiete anbieten. Insgesamt wurden 160 000 neue Wohnungen mit diesen Auflagen belegt. Als Gegenleistung erhielten die Investoren einen Bonus in Form einer erhöhten (oft grenzwertigen) Baudichte. Dieser Handel, der für alle einen Gewinn verspricht, stößt mit seiner Pragmatik allerdings an Grenzen. Zum einen, weil auch die Kostenmieten vom Bodenpreis abhängig sind – je besser die Lage, umso mehr; zum anderen müssten Kostenmieten in eine relevante Konkurrenz zum restlichen Wohnungsangebot treten, um den Markt wirklich unter Druck zu setzen. In München wurde denn auch die ernüchternde Bilanz gezogen, dass die Kostenmiete-Initiative gesamtstädtisch nur marginale Wirkung hatte – weder wurde der Nachfrageschock gedämpft, noch konnten weitere Mietpreissteigerungen verhindert werden.

Dieses und ähnliche Beispiele sprechen nicht grundsätzlich gegen Verhandlungsbemühungen, die vor allem von grünen und linken Stadtregierungen verfolgt werden. Die Versöhnung von Markt und »Wohnen für alle« ist aber in sich ein Widerspruch, so wie Bodeneigentum und Marktdominanz unversöhnlich Macht ausüben. Die Verhandlungsoptionen sind zudem geringer geworden, da der eigentumsrechtlich unantastbare Immobilienbestand in den meisten Städten angewachsen ist. Mit der Dominanz des freien Marktes wird dessen Ertrags- und Mietpreiskalkül als Standard festgelegt, der auch städtische und gemeinnützige Wohnbauträger unter Druck setzt – mit der Folge, dass auch sie sich unternehmerisch am mittleren und oberen Lohnsegment orientieren.

Der deregulierte Markt treibt nicht bloß die Mietpreise in die Höhe, sondern macht diese zum Maßstab für das »Wohnen für alle« – ein Maßstab, der all jene ausgrenzt, die nicht mindestens mittelständischen Status ausweisen können. Das erklärt die rasant ansteigenden Bewerbungen für Sozialwohnungen in den Metropolen.[15]

Der Markt kann sich und seine Waren nicht selbst legitimieren; er ist darauf angewiesen, dass andere ihn vergöttern. Mit diesem Schwindel lässt sich Wien jedoch nicht aufs Kreuz legen. Seit den 1930er-Jahren beherrscht der gemeinnützige und städtische Wohnbau den privaten – mit einem Anteil von über 60 Prozent. Das Wiener Modell ist einmalig und hat eine hundertjährige Vorgeschichte, die sich nicht einfach auf andere Städte übertragen lässt. Es steht aber für eine grundlegende Lektion: Das Verhältnis zwischen Kapitalinteressen und Stadtentwicklung dreht sich in erster Linie um Machtfragen und in zweiter Linie um Verhandlungsoptionen: Wem gehört die Stadt? Wem gehört ihr Boden?

Wer dominiert den Wohnungsmarkt? Die andere Lektion ist, dass das Modell über angemessene Mietkosten hinaus insgesamt die Stadtentwicklung lenken kann – nicht vollständig, aber punktuell, was Integration, Bildungsangebote, Stadtökologie und eine bessere Versorgung betrifft.

Sogenannte Stadtrankings und Lifestyle-Magazine wie *Monocle* verkünden jährlich, welche Städte besonders lebenswert sind. Dabei orientieren sich die Umfragen an den Vorstellungen des oberen Managementkaders, das dazu neigt, Städte mit Sonntagsschulen zu verwechseln (»no break-ins and an everyday sunshine«). Umso bemerkenswerter ist es, dass Wien seit Langem die Spitzenposition einnimmt. Selbstverständlich kann gemeinnützige Marktdominanz allein die Wohnungsfrage nicht lösen. So fällt es der Wiener Stadtregierung gerade schwer, neue, gemeinnützige Wohnungen zu erstellen. Vorgesehen wären neuntausend neue Wohnungen pro Jahr, um die Stadtrück- und Zuwanderung aufzufangen. Doch es fehlt nicht einfach an Boden, sondern vor allem an bezahlbarem Boden. Er hat sich auf dem freien Markt dermaßen verteuert, dass gemeinnützige Standards nicht erreichbar sind. Aus dem Dilemma soll eine Bodenpreisregulierung führen, die in Diskussion ist und die stadtpolitische Tradition von Wien aktualisieren soll.

Das Wiener Modell ist – so könnte man es in Anlehnung an Robert Musil bezeichnen – »ein Fortschritt durch die Trennung vom Ganzen«. Eine politische Grenzerfahrung, die für viele das Bestmögliche im Hier und Jetzt ist. Da sich das Modell nur innerhalb seines gesellschaftlichen Rahmens und Umfelds bewegen kann, ist es freilich auch den Zwängen außerhalb des Modells ausgesetzt, was, frei nach Adorno, die Frage aufwirft: Gibt es ein gutes Wohnen im falschen Leben?

7.
Wenn Stadtgesellschaft zur Aktiengesellschaft verkümmert, wird auch die europäische Urbanität in ihrem Lebensnerv getroffen.

Max Weber hat die Essenz des Stadtlebens als »Miteinander unter Unbekannten« umschrieben. Die andere Metapher kommt aus dem Volksmund, der die Stadtluft einatmet, die frei macht. Ursprünglich, im Mittelalter, wurde damit die Befreiung von Knechtschaft verbunden. Die Stadt war die Verheißung eines anderen Lebensentwurfs, die Verheißung von Unabhängigkeit.

Auch wenn die Startbedingungen damals und heute unterschiedlich sind – das urbane Versprechen ist ein kategorischer Imperativ, der eingelöst sein will: Jeder, auch jeder unbekannte Lebensentwurf soll eine Realisierungschance haben. Bleibt das Versprechen uneingelöst, sind soziale Vielfalt, kulturelle Gegensätze und ein geistig anregender Alltag nicht zu haben. Homogenität ist Gift für das Stadtleben. Wer nur noch sich selbst begegnen kann, taucht in ein urbanes Stahlbad. Wenn sich eine Stadt vom Dorf nicht unterscheiden kann, hat sie auch ein emotionales Problem.

Ein Problem, das sich zum Schock auswächst, wenn Gentrifizierung in Ghettoisierung übergeht. Dieser Vorgang hat seine Ursache nicht in der Gentrifizierung selbst – die durchaus den städtischen Alltag anreichern kann, mit besseren Dienstleistungen, Bildungsangeboten und dergleichen –, sondern wenn auf eine städtebauliche Aufwertung flächendeckend steigende Miet- und Lebenshaltungskosten folgen, die sozial und kulturell ausgrenzend wirken. Wenn also eine städtebauliche Aufwertung eine urbane Abwertung zur Folge hat.

Gentrifizierungseffekte sind nicht neu. Neu ist, dass sie mit den gewachsenen Investitionsmassen ganze Stadtteile oder auch eine ganze Stadt erfassen und den Lebensnerv europäischer Urbanität treffen. Je begehrter eine Stadt ist, desto teurer ist sie. Mit dieser Börsenmoral legitimieren sich auch Stadtregierungen, wenn Miet- und Lebenshaltungskosten steigen. So, als ob es sich um ein unvermeidliches Schicksal handle. Die Folge ist die Verödung von Stadtteilen.

Exemplarisch dafür sind sogenannte »Schwarmstädte«. Sie formieren sich um magnetische Anziehungspunkte wie attraktive Arbeitsplätze, atmosphärischer Kick, billige Wohnungen und anderes. Dieses Begehren bestrafen Verdrängungsprozesse von unten nach oben, wie zum Beispiel in den letzten Jahrzehnten in Berlin mit Fluchtpunkt Leipzig. Wer unten ist, wird in eine andere Stadt oder an die Ränder verbannt. Und die verteuerte Stadt entmischt und homogenisiert sich, das Urbane und dessen Vitalität sterben ab. Dieser Kreislauf hat ein selbstzerstörerisches Moment: Wenn die Stadt und ihr Zusammenhalt auf ein Geschäft schrumpfen, wird ihr auch die Luft entzogen; wenn die Stadtgesellschaft zur Aktiengesellschaft verkümmert, wird ihr auch das wirkliche Kapital einer Stadt entzogen: ihre Leerstellen, ihre Möglichkeiten, unterschiedliche Lebensentwürfe zu realisieren, im konkreten, mentalen und im metaphorischen Sinn.

Ende der 1990er-Jahre, als das Internet Fahrt aufnahm, wurden erstmals Stadtmarketingspezialisten beauftragt, eine gewöhnliche Stadt mit medialen Mitteln in eine »Schwarmstadt« zu verwandeln. Das Rezept folgte der »Ökonomie der Aufmerksamkeit« und dem Glauben, dass das Mediale wichtiger sei als das Reale. Architektur wurde fortan für den Bildschirm entworfen. Nie dagewesene Renderings, die, medialen Oberflächenknallern gleich, im Netz weltweit aufblitzten, sollten eine beliebige langweilige Stadt in eine Kultstadt verzaubern. Im Sog medialer Magnete, so die Erwartung, würden Massen dahin pilgern, wo das virtuelle Versprechen mit dem analogen Aufscheinen des Ikons eingelöst wird.

Der ökonomische Effekt medialer Aufmerksamkeit war vor allem für krisengeschüttelte Städte vielversprechend. So war es kein Zufall, dass das Paradeexemplar medialer Baukunst nach Bilbao lockte, das nach dem Niedergang der Schwerindustrie unter hoher Arbeitslosigkeit litt. Geplant wurde es vom Chef der Guggenheim-Stiftung Tom Krens zusammen mit dem Architekten Frank Gehry. Das Bildergut lieferte die Guggenheim-Foundation. Und das verarmte Bilbao bezahlte das Museum – in der Hoffnung, mit den erwarteten Touristenströmen der hohen Arbeitslosigkeit begegnen zu können. Tatsächlich statteten in den Anfängen jährlich rund zwei Millionen Touristen Bilbao einen Besuch ab. Doch nach drei Jahren versiegte der Strom. Und der Unterhalt der blechernen Skulptur war viel teurer als gedacht. Schließlich reichten sich Kuratoren die Klinke, weil das Museum für Ausstellungen kaum zu gebrauchen ist. Und nach der Jahrtausendwende ist die Armut in Bilbao um 30 Prozent gewachsen.

Das änderte nichts daran, dass auch kleine Städte »so etwas wie Bilbao« wollten. Über Jahre rivalisierten orakelartige Figuren im Netz: Welche übertrifft die andere an Einzigartigkeit? Der Bilderkrieg beendete sich von selbst, so wie sich der Bilbao-Effekt durch Inflation selbst zerstörte. Selbst der Erfinder, Tom Krens, ließ dreißig seiner Projekte in der Manier von Bilbao wie heiße Kartoffeln fallen – mangels ökonomischer Aufmerksamkeit. Schließlich folgte auf den Bilbao- der Wolfsburg-Effekt: Die Stadt hat ihr Vermögen in Architektursensationen investiert, und niemand hat es gemerkt.

Nicht nur die IT-Fans waren schockiert. Den Aufbruch ins Zeitalter neuer Medien durchkreuzte eine postmediale Erkenntnis: Entweder ist der Alltag in einer Stadt eine Sensation, oder es gibt keine. Seither kommt der Ruf nach Wahrzeichen aus Provinzstädten und nahöstlichen Wüstengebieten. Medial kann nach wie vor alles großartiger erscheinen, als es ist. Doch der Bluff ist inzwischen durchschaubar: Provinzielles verschwindet auch mit dem höchsten Haus der Welt nicht. Die wahren Wahrzeichen einer Stadt spielen sich unsichtbar und im Schatten ab. Wo sich urbane Schwärme finden und verlieren, dort wo »das Abenteuer um die Ecke« stattfinden kann, wo Stadtluft frei macht, lebt eine Stadt als Stadt. Die Vorstellung »Wir wollen auch so etwas wie einen Eiffelturm« ist nicht nur naiv, sondern sie entpolitisiert das Alltägliche. Wahrzeichen sind ein Triumph für den Augenblick – ein in sich erlöschendes Feuerwerk. Urbane Dauerbrenner geben einer Stadt ihren Glanz und ihre Patina – sie entstehen in sich selbst, langsam und vor allem durch eine aktive Stadtgesellschaft.

8.
Das »Recht auf Wohnen« ist de facto ein Unrecht, das in eine Strafe übergeht.

Wo Stadtteile, wie etwa ehemalige Industriequartiere, infrastrukturell aufgewertet werden – mit öffentlichen Verkehrsmitteln, Dienstleistungen und Schulen –, verdoppeln sich in der Regel die Bodenpreise. Wenn Stadtregierungen zudem eine erhöhte Baudichte erlauben, explodieren die Bodenpreise regelrecht, und die Liegenschaften verteuern sich um das Drei- bis Fünffache. Um die Steuerzahler mit ihren

Investitionen zu versöhnen, erwägen Regierungen eine Besteuerung der Grundeigentümer mit sogenannten Mehrwertabschöpfungen auf den infrastrukturell aufgewerteten Grundstücken. Wenn diese Maßnahmen überhaupt durchgesetzt werden, wird nur ein Bruchteil der städtischen Investitionen zurückgefordert. Stadtregierungen wollen private Investoren nicht abschrecken. »Standortvorteile« wie tiefe Steuern und ein deregulierter Markt seien innerhalb der »globalen Städtekonkurrenz« unverzichtbar. Es entspricht dieser Marktlogik, dass prosperierende Städte einem solchen Deal eher widerstehen als darbende.

Ob mit mehr oder weniger Resistenz – das politischökonomische Kalkül fordert jedenfalls Opfer, das für viele Stadtbürgerinnen und Stadtbürger zur Selbstaufopferung wird: Sie leisten einen evidenten finanziellen Beitrag für Wohnungen, die sie selbst nicht bezahlen können. Die Selbstausbeutung stellt zum einen die Opferbereitschaft infrage, zum anderen eine Politik, die ihr Selbstverständnis als Korrektiv des Marktes aufgibt, um sich diesem zu unterwerfen. Sind zufriedene Hausbesitzer wichtiger als zufriedene Mieter? Oder anders gefragt: Braucht es ein »Recht auf Wohnen«? Und wenn nicht, was dann?

Das »Recht auf Wohnen« ist heute weltweit verankert. Es ist ein Menschenrecht gemäß Artikel 16 der Europäischen Sozialcharta von 1961/65. Ebenso ist es in der Afrikanischen Charta (Banjul-Charta) von 1981 und im »Recht der Völker« von John Rawls aus dem Jahr 1999 enthalten. Zuvor schon sind in Deutschland und in den USA Wohnrechte eingeführt worden. Als sich im hyperinflationären Deutschland erstmals ein demokratisches Parlament etablieren konnte, versprach die Weimarer Verfassung »jedem Deutschen eine gesunde Wohnung«. 1944 nahm Franklin D. Roosevelt im

Rahmen von Sozialreformen das Wohnrecht in die »Second Bill of Rights« auf. Heute ist das »Recht auf Wohnen« zusätzlich zu den Menschenrechtsdeklarationen in fast allen nationalen Verfassungen verankert. Grundrechtlich hat es denselben Stellenwert wie das Recht auf Bildung, das Recht auf sozialstaatliche Grundversorgungen oder die Freiheitsrechte.

Nun ist es nicht außergewöhnlich, dass ein verbrieftes Recht nicht automatisch seine Umsetzung findet. Würde das Recht auf Wohnen als Grundrecht tatsächlich umgesetzt, geschähe dies zum Beispiel in Form einer Versicherung vergleichbar mit der gesundheitlichen Grundversicherung. Doch im Gegensatz zur Gesundheit gilt Wohnen – in welcher Form auch immer – noch als selbst verschuldet. Dahinter steht nicht bloß eine Doppelmoral, sondern das Interesse eines Immobilienmarkts, der sich vom Gesundheitsmarkt unterscheidet. Gesundheitskosten werden solidarisch getragen, und das Gesundheitswesen steht unter dem Druck, diese zu rechtfertigen (auch wenn die Gesundheitsindustrie immer wieder versucht, sich diesem zu entziehen). Wenn der Immobilienmarkt unter einem vergleichbaren Legitimationsdruck stünde, wäre er mit der Herausforderung konfrontiert, das Wohnungsangebot dem solidarischen Bedarf anzupassen. Forschungs- und andere Mittel müssten ausgeschöpft werden, um den Anforderungen an ein Grundbedürfnis zu genügen.

Eine volkswirtschaftliche Selbstlegitimation wäre das Gegenprogramm zur *Too-big-to-fail*-Politik, die dem Immobilienmarkt zusammen mit dem Banken- und Finanzierungssystem nicht nur das Recht zum Überleben, sondern auch ein Recht auf ständige Performance garantiert. Die Regulierungen nach der Finanzkrise von 2008 haben jedenfalls die Fallhöhe nicht gesenkt, sondern erhöht. Wenn jedoch überhaupt etwas *too big to fail* ist, dann ist es das Recht auf Wohnen. Legitime Gründe gibt es genug: sozial-, menschen- und verfassungsrechtliche, das Interesse der Allgemeinheit oder bloßer Menschenverstand. Und die Fallhöhe wäre jedenfalls geringer, wenn Wohnungsnöte, steigende Mietkosten und der Zwang zum durchschnittlichen Wohnen für die Mieter straffrei wären.

9.
Neue Wohnformen werden in andere Stadtformen übergehen, die Bodenreformen voraussetzen.

Es gibt einen zwingenden Grund, warum Bodenreformen nicht nur angekündigt, sondern auch umgesetzt werden müssen. UN-Habitat, das Wohn- und Siedlungsprogramm der Vereinten Nationen, hat weltweit die aktuellen Stadtentwicklungen analysiert und kommt zum Schluss, dass ein *laisser faire* soziale Konflikte und die Wohnungsnot kumulieren lassen: »Es geht um das Überleben der Städte.«[16] Weltweit sind heute 400 Millionen Wohnungen überbelegt. Bis 2030 werden 700 Millionen Wohnungen neu entstehen.

Selbst wenn solche Prognosen ungenau sind – es ist unmöglich, den Bedarf mit den Mitteln zu decken, die uns heute bekannt sind, weder in baulicher, technischer noch stadtplanerischer Hinsicht.[17] Zuerst einmal stellt sich also nicht die Frage, wie das weltweit stattfindende Wachstum der Städte gelenkt werden kann, sondern welche Voraussetzungen dafür nötig sind.

Vordringlich sind Innovationsschübe, damit städtebauliche Standards dem gesellschaftlichen Wandel nicht chronisch hinterherhinken. Entsprechende Anpassungen und Regulierungen sind ohne substanzielle Beschneidung der Eigentumsrechte nicht umsetzbar, was zum anderen eine Voraussetzung ist, damit Städte von Stadt- und nicht von Aktiengesellschaften regiert werden.[18] Gegen diese Diagnose gibt es heute weniger sachliche Einwände als ideologische Widerstände. Ob die angekündigte »Bodenwende« als Korrektiv oder als Systembruch empfunden wird, ob sie mit erhöhten Grundsteuern, Rückkäufen oder Enteignungen erfolgt – sie erinnert an das »Gespenst des Kommunismus«, das Marx und Engels beschworen haben, um die »Proletarier aller Länder« zu vereinigen. Nun haben sich 193 Nationen vereinigt. Freilich sind ihre gemeinsamen Deklarationen mehr bewusstseinsbildend als durchschlagskräftig. Dennoch, ob mit oder ohne Gespenster: Die neue Wohnungsfrage geht weltweit um. Und sie wird jenseits von Nationen in einem institutionellen Rahmen gestellt, in dem Bodenreformen entideologisiert und repolitisiert werden.

Es stellt sich nicht die Frage, ob die Städte wachsen, sondern wie. In den 1970er-Jahren hat der Stadtumbau nach dem Motto *tabula rasa* stattgefunden. Autogerechte Verkehrsschneisen und Kahlsanierungen haben billige Wohnungen durch teure Büros ersetzt und eine Stadtflucht erzwungen. Im 21. Jahrhundert ist die korrigierende Gegenbewegung die Herausforderung. Der Drang, in die Städte zurückzukehren, ist seit Jahrzehnten anhaltend. Und die Agglomerationsflucht ist nicht (mehr) sozial- oder generationenspezifisch.

Nur: Was sind die Bedingungen, damit eine Stadtrückwanderung stattfinden kann? Ein weiteres Wachstum der Peripherien ist unbezahlbar geworden – ganz zu schweigen von den ökologischen und klimatischen Schäden, die damit einhergehen. In den USA und Europa entfällt über ein Drittel des Energiebedarfs auf das Pendeln zwischen Wohnen, Arbeiten und Erholung in den zersiedelten Landschaften.[19] Die »Energiestrategien 2050«, die nun in Europa teilweise in den Umsetzungsmodus treten, sind demzufolge nicht als Kritik am »Siedlungsbrei« (die ein halbes Jahrhundert alt ist) zu verstehen, sondern als Notbremse.[20]

Damit verbunden sind auch Notfälle. Sie können, wie kürzlich in Frankreich, einen Aufstand auslösen. Für die *gilets jaunes* ist in den miserabel erschlossenen Agglomerationen von Frankreich das Pendeln mit dem Auto ein Zwang. Ebenso notgedrungen werden diese Regionen bewohnt, weil die dortigen Mieten für die Bevölkerung mit niedrigen Löhnen oder Renten bezahlbar sind (was für rund die Hälfte der Gesamtbevölkerung Frankreichs gilt). Eine Benzinpreiserhöhung von ein paar Cents ist unter diesen Lebensbedingungen existenziell bedrohlich.

Das Problem lässt sich angesichts der Klimakrise weder mit billigem Benzin beseitigen, noch verfügt der französische Staat über das Geld, um das halbe Land mit neuer Infrastruktur und neuen öffentlichen Verkehrsmitteln aufzurüsten. Solche Investitionen würden jeden nationalen Haushalt sprengen. Und es ist sparsamer und effizienter, die Mittel für das innere Stadtwachstum zu verwenden.

Es gibt auch andere Gründe, wieso Städte nicht mehr nach außen wachsen, sondern sich nach innen verdichten sollen. Selbst wenn in Zukunft neue Verkehrsmittel selbst gesteuert und weniger energiefressend zirkulieren werden, selbst wenn delokalisiert über Netzwerke gearbeitet und produziert wird – es gibt aus der Gesamtoptik keine Alternative zu den alten Städten, weltweit. Abgesehen davon, dass sie in den meisten Ländern über 80 Prozent des Volksvermögens verfügen – inklusive vorhandener Infrastrukturen und Versorgungseinrichtungen –, sind die Chancen auf Integration, Bildung, Arbeit und Wissensproduktion in den alten Städten größer und entwicklungsfähiger als irgendwo sonst. Was sie für Stadtrückwanderer wie für Alteingesessene darüber hinaus begehrenswert macht, ist ein urbaner Alltag, der sich über Jahrzehnte und Jahrhunderte eingespielt hat, in deren Verlauf jede Stadt eigene Mentalitäten und besondere Identitäten entwickelt hat.

Wenn von »Stadt« die Rede ist, sind eigentlich zwei Städte gemeint. Im Französischen kommt das zum Ausdruck, indem *ville* und *cité* unterschieden werden – der physische Ort und urbane Lebensformen. Stadt ist zum einen das versteinerte Gegenüber; zum anderen geht es um die Wahrnehmung der Stadt – um ihre Besonderheiten und Unterschiede, um Lebensstile, Umgangsformen, Habitus und urbanes Bewusstsein. Diese Wahrnehmung- und Deutungsarbeit kultiviert und prägt die *cité* – ihr Alltagsleben mit all seinen Nuancen, mit seinen Neben- und Schattenereignissen im Stadtganzen. Wie Stadtbürgerinnen und Stadtbürger sich ihre Quartiere, Plätze, Höfe, Brachen und Leerräume aneignen, geschieht langsam, anhaltend und wird ständig auch neu interpretiert.

Durch diese Aneignung erfahren Orte und Räume ein Eigenleben. Der ursprüngliche Stadtplan wie das versteinerte Gegenüber nimmt seine »zweite Natur« an und zeigt, was sich ihm nicht gefügt hat. Dieses Sich-nicht-Fügen ist der Normalfall und stellt eine doppelte Frage: Ist das städtische Gefüge »weich« genug, um Deutungs- und Gebrauchsvielfalt in sich aufzunehmen? Und: Wer entscheidet, und wie wird entschieden, welchen Interessen, welchen Bedürfnissen die Transformationen und Veränderungen im Stadtgefüge folgen?[21]

Das Alltagsleben und seine Parallelwelten sind nicht planbar, sie entstehen in sich. Sie sind ein notwendiges Korrektiv des Planbaren. Finden sie genügend Spielräume, werden Stadtteile sozial und kulturell angereichert, vielfältiger und heterogener. Oder, bildlich gesprochen: Es braucht weiße Flecken im geordneten, zweckgebundenen Stadtplan – im Großen wie im Kleinen. Sie sind nicht mit Leere gleichzusetzen (ein Begriff, der im aktuellen Planerjargon *en vogue* ist). Es geht um konkrete Räume und Orte, wo wenig vorbestimmt und vordeutend codiert ist. Oder, mit den Worten von Peter Handke: »Orte, wo (noch) nichts geschieht.«

Die Dauerbrenner des Stadtlebens sind Orte der unbekannten Möglichkeiten; sie sind zugleich eine Errungenschaft der offenen Stadtgesellschaft. An diesen Schnittstellen zwischen Geplantem und Ungeplantem entsteht urbane Reibungswärme. Dort, wo der Sozialstaat seine schützende Rolle nicht überschreitet und nicht bevormundend lenkt. Dort, wo das Urbane nicht aus der Vogelperspektive, sondern auf Augenhöhe erfahren wird. Dort, wo das Unberechenbare statt- und Raum finden kann, wo Lebensentwürfe erdacht werden und eine Realisierungschance haben.

Städtebauliche Innovationen haben den Zusammenhalt einer Stadt zum Ziel. Dieser bildet sich um einen urbanen Alltag, der sich jenseits vom Plan- und Kalkulierbaren entfalten kann und nicht fortwährend zerstört wird. Die Spielräume für Parallelwelten haben sich mit der Entstehung digitaler Welten nicht – wie oft vermutet – verkleinert, sondern erweitert. Netze, Schwärme und Ad-hoc-Öffentlichkeiten bilden sich vorübergehend oder auch dauerhaft. Analoge wie digitale Parallelwelten sind unersetzbar, damit das Urbane nicht auf Shopping, Tourismus, Architektursensationen und teure Stadtwohnungen eingedampft wird.

Mit der Koexistenz von analoger und digitaler Stadt ist das selbst organisierte Potenzial von Urbanität gewachsen. Es ist vergleichbar mit einem kommunikativen Nervensystem. Seine Impulse demokratisieren die Stadtentwicklung – zumindest punktuell. Die kommunizierenden Netze ermöglichen eine autonome Organisation von Milieus und Mikroöffentlichkeiten. Sie bilden Schwärme, die in gleichen oder wechselnden Räumen, an legalen oder illegalen Orten und Niemandsländern auftauchen und wieder verschwinden. Diese temporäre Urbanität relativiert mit ihrer Autonomie Ungleichheit und kann die Spaltung in arme und reiche Ghettos unsichtbar überbrücken, auch wenn sie physisch nicht aufgehoben ist.

Zugleich findet, wie erwähnt, auf der Makroebene eine analoge Entmachtung und Entdemokratisierung der Städte statt – und zwar in einem solchen Ausmaß, dass eine Redemokratisierung der Städte nicht allein mit digitalen Netzen oder partizipativen Verfahren möglich ist. Wie, was und in welchen Interessen transformiert und verdichtet wird, ist eine Frage von Macht und deren Umverteilung.[22]

»Verdichten nach innen« ist kein Leitbild, geschweige denn ein Rezept oder ein Allheilmittel. Obwohl es weder volkswirtschaftliche noch ökologische Widersprüche gibt, obwohl aus Investorenoptik die Verdichtung für jede Parzelle einen potenziellen Gewinnsprung verspricht – der übergeordnete Konsens ist trügerisch. Mit Nachverdichtungen können nicht bloß unterschiedliche, sondern gegensätzliche Interessen verfolgt werden. Wenn Städte bloß vollgestopft und überverdichtet werden, verkehren sich Vorteile in Nachteile. Eine Stadt wie Paris erreicht mit Hofrandbebauungen beziehungsweise ohne Hochhäuser eine bauliche Dichte, die Tokio deutlich übertrifft. Es steht weniger die Frage im Vordergrund, wie viel und wie hoch Beton pro Parzelle angehäuft wird, sondern welche Stadtform daraus entsteht. Ist sie alltagstauglich, wird sie als angenehm oder unangenehm empfunden? Und sind Transformationen – seien sie baulicher oder organisatorischer Art – beschlussfähig?

Die Verbundenheit und Zuneigung zu bestimmtem Orten hat Roland Barthes als »erotische Dimension des Urbanen« beschrieben. Jede Stadt hat ihre informellen Sphären, die geistig inspirieren und emotional anregen – wo Fremdes, Überraschungen und Unberechenbares aufeinandertreffen. Die Attraktion steigert der Umstand, dass solche Schmelztiegel verschieden gedeutet werden, ihnen aber die gleiche Erwartung eingeschrieben ist: urbane Reibungswärme.

Öffentliche Orte sind gegenüber dem »normalen« Lebensraum Gegenplatzierungen, wo die Kultur gegenwärtig ist, bestritten und gewendet wird. Wo die Differenz zum Privaten als Überschreitung wirkt, sodass die eigene Geschichte als bloßer Entwurf erscheint und der Lebenskampf sich im Spiel auflöst. Orte der unbekannten Möglichkeiten und des Zufalls machen die Stadt zur versteinerten Form eines möglichen Gegenübers der Verständigung.[23]

Für städtebauliche Verdichtungsszenarien gibt es keine Rezepte, aber einige Vermutungen und Erfahrungen: Zum einen verlangt bauliche Dichte gleichzeitig nach Entdichtung – nach einer Perforierung des Stadtganzen mit Parks, Höfen, Niemandsländern, Orten und Nicht-Orten, die dem Nichtstun dienen. Zum anderen eröffnen Nachverdichtungen Chancen. Sie ermöglichen städtebauliche Verfeinerungen und Sanierungen, eine Verbesserung des Wohnungsangebots, das den Bedarf spiegelt. Defizite an Bildungsangeboten, Dienstleistungen, Läden, Kneipen und Parklandschaften können ausgeglichen werden. Solche Vielfalt setzt oft bauliche Nachverdichtungen voraus, da eine relativ hohe Bevölkerungsdichte nötig ist, damit von diesen Angeboten auch Gebrauch gemacht wird.[24]

Die Kernfrage der Nachverdichtung dreht sich um eine Empfangspolitik. Es gibt unterschiedliche Motive, wieso Menschen in die Stadt drängen. Noch bis in die 1990er-Jahre waren es vor allem Arbeitslose, Arme und Alte, die sich in den Städten bessere Existenzchancen erhofften. Nun bilden sich sozial- und generationendurchlässige Schwärme, die nach der lebenswerten Stadt suchen.

Nur: Kann die Stadtrückwanderung überhaupt stattfinden? Nicht alle, aber viele Antworten stehen unmittelbar im Zusammenhang mit dem Angebot an Wohnungen. Die Frage ist nicht bloß, ob sie bezahlbar sind, sondern ob sie auch dem unterschiedlichen Bedarf und den Bedürfnissen entsprechen, die in keinen Durchschnitt passen.

Die falsche Antwort sind Wohnbauförderungsprogramme. Sie sollen Anreize für Investoren schaffen, im Glauben, dass eine angekurbelte Wohnbauproduktion den Nachfrageschock abfedert. Der erste Trugschluss ist, dass die Immobilienbranche das Ziel verfolgt, Wohnungsnöte zu beseitigen (selbst wenn sie zu diesem Zweck gerne Förderungen entgegennimmt). Der zweite Trugschluss ist, dass die Bauwirtschaftsförderung denen dient, die sie bezahlen. Steuergelder werden dort vergeudet, wo die meisten Menschen nicht wohnen wollen und wo ein Wachstum volkswirtschaftlich und ökologisch schädlich ist: in zersiedelten Agglomerationen, dort, wo der Boden noch bezahlbar ist. Die Bauwirtschaftsförderung ist also eine Kurzschlusspolitik, die das Problem nicht löst, sondern verschärft.

Es gibt ein Mittel, das ein geringes bauliches Wachstum

voraussetzt und innerhalb bestehender Städte geeignet ist: wenn Wohnformen in eine andere Stadtform übergehen. Private und öffentliche Flächen können anders verteilt werden, was eine Umwertung von zweckgebundenen Räumen in deutungsoffene, polyfunktionale Räume einschließt. Das ist möglich, wenn Wohnen, Arbeiten, Erholen nicht auf Funktionen beschränkt, sondern als Möglichkeiten für verschiedene, wechselnde Tätigkeiten erweitert werden, die gemäß ursprünglichen Vorstellungen als zweckentfremdet gelten. Zum anderen können private mit öffentlichen Räumen anders kombiniert und weniger trennend strukturiert werden. Wenn städtische Öffentlichkeit nicht als »Event« ausgesondert, sondern in den Alltag integriert wird. Wenn das Öffentliche sich nicht auf erzwungene Nachbarschaften oder Gemeinschaften reduziert, sondern sich mit Orten unbekannter Möglichkeiten anreichert, die vielfältiger, zwangloser sind und das Fremde nicht ausgrenzen. Solche urbanen Konzentrate sind nicht neu und müssen nicht erfunden werden – es gibt aber zu wenig davon. Dispers im Stadtganzen verteilt, sind sie eine Anreicherung im Alltag.

Für solche Transformationen im Stadtinneren sind Mikroverdichtungen geeigneter als großflächige Verdichtungen oder Hochhäuser.[25] Bauliches Wachstum ist dafür nicht unbedingt Voraussetzung. Es genügt eine Umverteilung vorhandener Räume, Flächen und Nutzungen oder Nachverdichtungen im Kleinen, wie Lückenschließungen, Aufstockungen, Anbauten, Untergeschossausbauten oder eine Erweiterung öffentlicher oder teilöffentlicher Räume.

Da Mikroverdichtungen keinen zusätzlichen Bodenerwerb voraussetzen, sind die Mieten auf der Basis reiner Baukosten kalkulierbar. Diese Baukostenmiete unterscheidet sich wesentlich von der Kostenmiete, die den Bodenan-

teil einschließt. Die Baukostenmiete kann die Verhandlungs-
bedingung für die Nachverdichtung sein und zugleich als
Lenkungsinstrument für die Stadtentwicklung dienen, um
auch das Versprechen vom »bezahlbaren Wohnraum« einzu-
lösen: Da bei der Baukostenmiete der Bodenanteil entfällt,
wird die Miete stark reduziert – an städtischen Lagen um die
Hälfte oder auch mehr.

Behutsame Stadttransformationen können sich eher der
Investorenmacht entziehen als Großprojekte. Mikroverdichtungen sind auch beschlussfähiger und insgesamt aussichts-
reicher, um dem demografischen Wandel und den aktuellen
gesellschaftlichen Anforderungen zu entsprechen, während
ein wachstumsfixierter Immobilienmarkt diesen Entwicklungen chronisch hinterherhinkt.

10.
Fühlen wir uns in unserer
Heimatlosigkeit zu Hause?

Wie wohnen? Wenn auch nicht jeden Montagmorgen – wir
fragen uns ständig, ob wir richtig wohnen, ob Wohnen Heimat bedeutet oder ob es nicht besser wäre, Nomade zu
sein. Auf die eine oder andere Weise werden wir alle irgendwo bleiben oder, sofern wir aufbrechen, immer wieder
an den gleichen Ort zurückkehren. Man kann es als Schicksal oder als Zwangsheimat empfinden. Der Vorgang des
Einnistens ist jedenfalls kein Geschenk. Unsere Wahlmöglichkeiten sind beschränkt – aus materiellen oder aus
geistigen Gründen.

Dass Not, Schicksal und Heimat zusammenfallen, mag ein
Grund dafür sein, dass mit dem Wohnen Bedeutungsschwere,

Vieldeutigkeit, Ängste und Widersprüche eng verbunden sind. Märchenhafte *homestories* können unverhofft in elende Schauergeschichten übergehen: Ein Haustraum wird zum Albtraum, aus Heimelig- wird Heimatlosigkeit, »schöner Wohnen« gerät zur Zwangsneurose, und was als Glück vom eigenen Heim begann, endet als globaler Börsencrash und in privatem Ruin. Noch fataler ist, dass selbst in der Gemütlichkeit, die dem »feel at home« sprichwörtlich eingeschrieben ist, Gefahren lauern: Über 80 Prozent der Gewaltverbrechen finden innerhalb der eigenen vier Wände statt. Der Berliner Fotograf Heinrich Zille, der in den 1930er-Jahren das Wohnelend beobachtet hat, meinte, dass auch die Wohnung selbst töten kann »wie mit einer Axt«.

Andere, zauberhafte Heim-Geschichten sind seit der Antike überliefert und werden ständig aktualisiert. Hölderlin schwärmte vom Menschen, der »dichterisch wohnt«. Vom Umherschweifen geplagt, zog er sich in die eigenen vier Wände zurück, um zu sich selbst zu finden. Auch Homer beschrieb die Rückkehr vom außerweltlichen Ungemach als malerisches Einnisten. Odysseus, erschöpft von seinen zehnjährigen Irrfahrten und Liebestragödien, findet endlich sein Zuhause – im Ehebett am Strunk eines Ölbaums in Ithaka. James Joyce, der in seinem Roman *Ulysses* eine eintägige Odyssee schildert, verführte seinen umherirrenden Protagonist Leopold Bloom mit einem betörenden Duft zur Einkehr. In der bloßen Erinnerung an den Geruch der Sandtörtchen findet Bloom sein Zuhause, das er auf seiner Odyssee vergeblich gesucht hat. Walter Benjamin beschrieb in den 1920er-Jahren die Wohnung als Rückzug von außen nach innen, vom Öffentlichen ins Private; das eigene »Etui« wird dabei ständig mit Geheimnissen und Erinnerungsbildern angereichert. Martin Heidegger suchte gewissermaßen die vergeistigte Form des Zufluchtsorts – im Denken. Der Mensch, der ein auf die Welt geworfenes Wesen und in seiner »Seinsvergessenheit« verloren sei, könne beim Wohnen »das Sein« erlernen – nicht als Gabe, sondern als Herausforderung besinnlichen Denkens: Wohnen ist kein Ding, sondern reine Denkfigur.

Ob als Allegorie, Erzählung oder Drama – in der Literatur und Philosophie dominiert seit der Antike der gleiche Plot: Wohnen ist das Gegenteil von Nomadisieren. Wohin man zurückkehrt, ist das Zuhause. Im heutigen Alltagsleben erscheint uns der Gegensatz von Außen- und Innenwelt fremd. In den digitalen Räumen rasen wir in den eigenen vier Wänden von einem zum anderen Ort, von innen nach außen und umgekehrt. In diesem Gewohnten stellt sich kaum jemandem mehr die Frage, ob es nicht besser wäre, an Grenzen und Abgrenzungen zu stoßen, es sei denn für einen digitalfreien Urlaub. Für Heidegger wäre diese räumliche Gleichgültigkeit ein Horrorszenario, was er vor rund fünfzig Jahren schon angedeutet hat: »Die technische Verfügbarkeit ist der Abschied vom Wohnen.«

In der Tat kann man im schwellenlosen Übergang von Privatheit in Öffentlichkeit eine doppelte Verrohung erkennen – als digitaler *shitstorm* und als analoger Zerfall des öffentlichen Raums und urbaner Lebensstile, die Distanz als Habitus voraussetzen. Es wäre allerdings ein Missverständnis, soziale und geistige Verrohung allein auf neue Medien zurückzuführen. Das Medium ist nicht – oder nicht mehr – automatisch die Botschaft, wie das McLuhan diagnostiziert hat. Der Umgang mit den vielen Medien ist entscheidend und wird sich aller Voraussicht nach nicht auf die heute verbreiteten Formen beschränken. Die digitale Dezimierung kommunikativer Möglichkeiten erscheint selbst ihren Erfindern bedenklich, was ein weiteres Indiz dafür ist, dass analoge Formen kaum je ersetzbar sein werden.

Irreversibel scheint, dass wir ein globales Kollektiv aus Sofa-Nomaden geworden sind, die digitale Weltbibliotheken und weltweit vernetzte Kommunikationszentren jederzeit nach Bedarf abrufen. Die Folge ist, dass durch die virtuelle Aufladung der Räume keine Gewissheit besteht, ob in einer Wohnung überhaupt noch gewohnt wird. Man muss sich nicht fragen, was in einer Wohnung geschehen kann, sondern was in ihr allenfalls nicht geschieht. Sie kann auch leer stehen, wenn sie einem Globalfonds aus Singapur als »sichere Anlage« dient, die auf ansteigende Bodenpreise wartet.

»Wohnen« ist ein anachronistischer Begriff geworden, wenn er mit festgelegten Zwecken verbunden wird; es ist heute funktional und ästhetisch decodiert. Wer einmal eine andere Erfahrung gemacht hat und wählen kann, wird einer Pensionskassenwohnung ein Gartenhaus oder ein Fabrikteil oder (noch) Unbekanntes vorziehen. Zweckentfremdetes ist attraktiver als die Bevormundung, was wo und wie in der Wohnung getan werden muss. »Bleiben will ich, wo ich nie gewesen bin« (Thomas Brasch). Oder als metaphorischer Imperativ für das Wohnen im 21. Jahrhundert, das nach entmaterialisiertem Luxus sucht: Gib mir einen Reichtum an Möglichkeiten, den Rest mache ich selbst![26]

II

ENTEIGNUNG

Berlin als Brennpunkt der Wohnungsfrage

In Europa steht Dublin exemplarisch dafür, wie sich im Zuge der neoliberalen Globalisierung Konzerne widerstandslos einer Stadt bemächtigen. Wien ist das Gegenbeispiel, das allerdings ohne seine lange Vorgeschichte nicht als solches gelten könnte. Bereits vor rund hundert Jahren hat das gemeinnützige und städtische Eigentum den freien Markt dominiert und sich gegen Machtverschiebungen mehr oder weniger erfolgreich gewehrt, sodass bis heute über 60 Prozent des Wohneigentums dem freien Markt entzogen sind. Der gemeinnützige Besitzstand allein schützt Wien allerdings nicht vor Globalisierungseffekten, die vor allem Niedrigzinsen und neoliberale Akkumulationsförderungen bewirken und bewirkt haben. Den Gemeinnützigen wird verunmöglicht, Bauland oder Liegenschaften zuzukaufen, um Zuwanderungsströme aufzufangen. Die Bodenpreise sind dermaßen angestiegen, dass nicht nur tiefe, sondern auch mittlere Mietniveaus unrealisierbar sind. Zudem wartet der Wiener Baubestand auf Anpassungen an den demografischen Wandel, im Besonderen an die Schrumpfung kleinfamiliärer Wohnformen. Auch die Vermietungspolitik ist veraltet. Vielen unterbelegten Wohnungen stehen überbelegte gegenüber. Dennoch sind in Wien die Handlungsspielräume, um auf die aktuellen Wohnungsfragen eine Antwort zu finden, im Vergleich zu anderen Städten größer.

Auch aus diesem Grund ist eine Gegenüberstellung mit der aktuellen Berliner Debatte aufschlussreich. Wenn man die Wiener Wohnbaupolitik als historische Lektion versteht, ist der Berliner Aufstand eine politisch-ökonomische Lektion im Hier und Jetzt. Über die Aktualität hinaus spannt der laufende Diskurs das Kraft- und Spielfeld auf, auf dem Strategien, Bodenreformen und Mietpreissteuerungen konkretisiert, ausgehandelt und ausprobiert werden.

Dabei verzahnt auch die Berliner Debatte die Mikroebene mit der Makroebene: Was ist lokal, was global determinierend? Was ist innerhalb und was nur außerhalb des Systemischen und seiner Produktionsbedingungen machbar? Was sind die Möglichkeiten, und wo liegen die Grenzen für die Verschiebung von Machtverhältnissen innerhalb von Eigentumsgarantien und demokratischen Verfahren? Mietbremsen oder Enteignungen? Wie hoch wäre die Entschädigung, wie soll sie bewerkstelligt werden? Welche kollektive, staatliche oder halbstaatliche Organisationsform und Institution wäre die Alternative zur Privatisierung von Eigentum? Entlang dieser Fragen verläuft die Berliner Debatte.

Sowohl aktuell wie auch historisch gesehen, steht Berlin zwischen Dublin und Wien. Was in Wien die Erste Republik (1918–1934) – das sogenannte Rote Wien – war, entstand in Berlin nach der Novemberrevolution 1918 (und nach dem Sturz der Monarchie im Deutschen Reich) als Weimarer Republik (1918–1933). Die Republiken sind der Ursprung sozialer Errungenschaften in Europa, die bis heute in den Grundgesetzen und Gesellschaftsverträgen verankert sind: zum einen in Form von Betriebsräten, zum anderen in Form der Möglichkeit, Eigentum zum Wohle der Allgemeinheit zu sozialisieren. Beide Errungenschaften sind bis heute umstritten und werden ständig neu gedeutet, ohne dass sie jedoch je abgeschafft worden wären. An ihnen spiegelt sich wie an kaum einem anderen Verfassungsartikel die jüngere politische Geschichte in Europa.

Die Dramaturgie der Enteignungsgesetze dreht sich gegenwärtig um folgenreiche Abweichungen von ihrer genauen Formulierung: Da ist die Rede von »unverzüglicher Umsetzung«, von »Verpflichtung von Eigentum im öffentlichen Interesse« oder von der »Möglichkeit zur Enteignung, wenn das Gemeinwohl ignoriert wird«. Immer wieder wird auch der Ruf aus dem Deregulierungsmilieu laut – in Deutschland aktuell von der FDP –, den Verfassungsartikel zu löschen. Bis anhin verhallt er allerdings ohne Echo.

Die Unterscheidung zwischen »müssen« und »können« spaltete in Bezug auf die Frage von Enteignungen die politischen Lager in den Republiken der 1920er- und 1930er-Jahre. Der Disput währte allerdings nur kurz. Ab den 1920er-Jahren setzte sich mit den Sozialdemokraten die Kann-Fraktion durch. Zuvor noch, 1918, lautete ein Beschluss in der Weimarer Republik: »[...] mit der Sozialisierung aller dazu reifen Industrien, insbesondere des Bergbaus, ist unverzüglich zu beginnen.« Die Enteignungen betrafen nicht Handwerksbetriebe, Gastwirte und dergleichen, sondern große, infrastrukturelle Unternehmen wie die Energieproduktion, allen voran den Bergbau. Doch die Beschlüsse wurden nicht durchgesetzt. Es gab 1919 im Parlament dafür keine Mehrheit. In der Reichsverfassung wurde dann die abgeschwächte Form des Artikels (156) verankert: »Das Reich kann durch Gesetz, unbeschadet der Entschädigung, in sinngemäßer Anwendung der für Enteignung geltenden Bestimmungen für die Vergesellschaftung geeignete private wirtschaftliche Unternehmen in Gemeineigentum überführen.«

So entstand aus der Kohleindustrie kein Gemeineigentum, sondern ein staatlich organisierter Zusammenschluss von Kohlebergwerken. Der staatsmonopolistische Betrieb erwies sich als robust und effizient. Das Modell wurde – unter Ausschluss der Gewerkschaften – von den Nationalsozialisten übernommen und auf die Kriegswirtschaft ausgeweitet.

1949 veranlasste die SPD eine neue Formulierung des Grundgesetzes (Artikel 15): »Grund und Boden, Naturschätze und Produktionsmittel können zum Zwecke der Vergesellschaftung durch ein Gesetz, das Art und Ausmaß der Entschädigung regelt, in Gemeineigentum oder in andere Formen der Gemeinwirtschaft überführt werden.« Auch eine Fraktion der CDU unterstützte diese Kann-Form, um landwirtschaftliches Gemeineigentum nicht auszuschließen.

Die Enteignung von Wohnbaukonzernen war in der Weimarer Republik noch kein Thema gewesen. Das lag zum einen daran, dass es keine gab, auch keine börsennotierten Immobilienkonzerne, sondern stattdessen fast nur kleine Hausbesitzer. Zum anderen war der Wohnungsmarkt weitgehend sozialisiert. Er wurde vom Staat zwangsverwaltet. Es gab eine strikte Begrenzung der Mieten, inklusive ihrer Einfrierung. Zugleich wurde in Berlin massiv gemeinwirtschaftlicher Wohnbau betrieben (ähnlich wie in Wien) und 1924 die Hauszinssteuer eingeführt. Dieses Geld verwendeten die Kommunen für landeseigene Wohnbauunternehmen und Genossenschaften. Diese vielfältig finanzierte Gemeinwirtschaft dominierte den Wohnungsmarkt und errichtete zwischen 1924 und 1930 Hunderttausende von Wohnungen mit sozial gebundenen Mieten.

Rückblickend auf diese Epoche zeigt sich, dass die Wohnungsfrage damals grundlegend andere Voraussetzungen hatte als heute. Etwas überspitzt: Der freie Wohnungsmarkt wurde nicht eingedämmt – er existierte nicht. Es war selbstverständlich, dass der Boden ein Gemeingut ist und das Wohnen ein Grundbedürfnis darstellt, das eine Grundversorgung erforderlich macht. Mit diesem Selbstverständnis wurden auch unzählige gemeinwirtschaftliche

Siedlungen gebaut. Viele davon stehen heute unter Denkmalschutz.

Was heute aus neoliberaler Optik als Staatsübermacht und historisches Schreckensszenario erscheint, ist für die geplagten Berliner Mieterinnen und Mieter Objekt ihrer Sehnsüchte: Wer aus den neuen Massenwohnbauten und Mietkasernen auf die alten Berliner Siedlungen schaut, möchte nur eins – umziehen in die Vergangenheit. Die Wohnungen aus der Weimarer Zeit sind heute noch begehrter als damals, obwohl sie minimalistisch ausgerüstet und kleinflächig sind. Es wäre ein Trugschluss, dieser Zuneigung einen Hang zum Nostalgischen zu unterstellen. Das alte Angebot ist – um es im Marktjargon zu sagen – qualitativ weit besser als jenes, das der freie Markt im letzten halben Jahrhundert je zustande gebracht hat. Und es hat ein Erbe hinterlassen, das mit ein Grund dafür ist, warum in Berlin Enteignungen sich (fast) von selbst verstehen: Das Erbe ist zugleich ein Nachlass; der alte Bestand hat die Mieten in der Stadt rund achtzig Jahre tief gehalten – bis 1990. Bis dahin war Berlin eine offene Großstadt, die alle – jenseits von Einkommen und Status – aufgenommen hat. Dann, als mit dem Mauerfall die sogenannte Wende eingeläutet wurde, hat ein kaum für möglich gehaltener neoliberaler Sturm ein Bündel von Errungenschaften, darunter auch die Mietpreisstabilität, erfasst und sie quasi auf die Müllhalde der europäischen Sozialgeschichte getragen. Gemeinwirtschaft als Rechtsform, Steuervorteile für nicht profitorientierte Unternehmen und Genossenschaften wurden abgeschafft. Schließlich wurde die Liquidierungsmanie noch verschärft. Die große Wende in der Berliner Wohnbaugeschichte passierte 2004, als PDS und SPD begannen, den städtischen und gemeinnützigen Bestand an Private zu verhökern. Rund 200 000 Wohnungen mit angemessenen Mieten wurden verkauft; sie fehlen nun. Die Haushaltslöcher, die damit gestopft werden sollten, entleerten die Haushaltskassen der Mieter.

Die Wende von 1989 verstand die damalige Berliner Stadtregierung offensichtlich als Aufforderung, im Wind der Deregulierung mitzusegeln. Selbst die restlichen rund 300 000 kommunalen Wohnungen wurden geopfert und nach dem Vorbild börsennotierten Immobilienmanagements restlos der Gewinnmaximierung unterworfen. Dafür musste die kommunale in eine private Rechtsform überführt werden. Die so entstandenen GmbH und Aktiengesellschaften erlaubten es, den Wohnungsbestand hinter den politischen Kulissen zu verwerten. Allfällige Kritik wurde mit dem Vorwand beseitigt, mit der Profitmaximierung werde *cash* für die Stadt generiert.

Bei dieser radikalen Marktgläubigkeit kann es nicht erstaunen, dass die Berliner Stadtregierung auch der globalen Immobilienspekulation die ökonomische Kampfzone hindernisfrei überließ. In kurzer Zeit haben börsennotierte Immobilienfonds rund 40 Prozent der Wohnungen erobert.[1] Noch fataler ist, dass die erbarmungslose »Finanzialisierung« von Immobilien und Bodeneigentum schließlich die ganze Stadt erfasst hat. Aktienperformance und Mietpreissteigerungen wurden marktüblich. So standen auch kleine Hausbesitzer auf einmal vor der Wahl, ihre Immobilie mit großem Gewinn zu verkaufen oder aber die Mieten nach oben zu »korrigieren«. Und da, wie erwähnt, auch der verbliebene Anteil an städtischen Wohnungen dem Verwertungskalkül des freien Marktes unterworfen wurde, waren die hohen Mietpreissteigerungen mehr oder weniger flächendeckend, so wie die Immobilienfonds den Maßstab gesetzt und die Mietpreise diktiert haben.

Diskurshistorische Wende

Ein Auslöser, wenn nicht die Initialzündung für den Berliner Aufstand gegen die Wohnungsnot war die Kritik an der Marktunterwerfung der Berliner Stadtpolitik seit den 1990er-Jahren. Lokale Medien, Thinktanks um die Humboldt-Universität und Bezirksverwaltungen analysierten die politischen und ökonomischen Ursprünge der unzumutbaren Mietpreissteigerungen. An der Debatte beteiligte sich eine Reihe von Bürgergruppen wie etwa das Stadt Forum Potsdam und ebenso altmarxistische Zellen wie die Interventionistische Linke, die Mitte 2018 ein Strategiepapier mit dem Titel *Das Rote Berlin* verfasst hat, das vom Verfassungsschutz als »revolutionär« eingeschätzt wurde.

Die Kritik war breit abgestützt und in ihrem Kern weder klassenkämpferisch noch lokalpolitisch fixiert. Weder verfiel die Rhetorik in parteipolitische Muster, noch erhob sie eine klagende Stimme der Empörung. Der Stadtregierung der 1990er- und frühen 2000er-Jahre wurden auch nicht etwa ideologische Fehlsteuerung oder Partikularinteressen vorgeworfen, sondern Unwissen und ein Mangel an politischer Fantasie.

Die rhetorische Wende, die sich in Berlin abspielt, ist auch eine diskurshistorische; sie korrespondiert mit der sogenannten Wissensgesellschaft und deren digitalen Vernetzungen. Die Debatte wird von einem breiten Bündnis getragen, das die Wohnungsfrage intelligent und mit politischer Innovationskraft stellt. Die Berliner Kombination aus alten und neuen Medien sowie solidarischen Vertreterinnen und Vertretern der Stadtgesellschaft hat einen Diskurs ermöglicht, der *fake news* kaltstellt oder sie dorthin lenkt, wo sie hingehören – in den Abfall. Es hat sich ein klassisches Symposium gebildet, das die politische Bühne zurückerobert. Es erinnert an Jean-Jacques Rousseaus *Abhandlung über den Ursprung und die Grundlagen der Ungleichheit unter den Menschen* und dessen Regeln: Im Streit um Ungleichheit werden nicht bloß Interessen ausgeglichen – sie werden jenseits von Herrschaft einer Legitimationsprüfung unterzogen, was es möglich macht, Ideologien von Interessen zu unterscheiden.

Der Berliner Aufstand konfrontierte die Stadtregierung mit einer Reihe von Fragen – so als würde vor Gericht ein Prozess gegen politische Straftäter geführt: Wie kann es sein, dass ausgerechnet in der Metropole Berlin die internationalen Erfahrungen mit Mietermärkten der letzten dreißig Jahre ausgeblendet wurden – etwa New York, Paris oder London, wo die Immobilienmärkte seit Langem zu einer Verödung und Entvölkerung der Innenstädte geführt haben? Obwohl solche Prozesse längst bekannt sind – wie kann es sein, dass eine Kooperation unterschiedlichster Regierungsparteien diese Fehler wiederholt und öffentliches Wohneigentum verschenkt hat? Als ob der freie Markt ein Heiligtum und die Stadtgesellschaft des Teufels wäre?

Derlei Fragen hat sich die Stadtbevölkerung offenbar auch an der Wahlurne gestellt. 2006 hat sie der damaligen Minderheitsregierung einen Denkzettel verpasst und sie durch eine rot-rot-grüne ersetzt.

Exemplarisch für die Methode börsennotierter Immobilieninvestoren ist eine Aktiengesellschaft namens Deutsche Wohnen, ein Ableger der Deutschen Bank. Die Stadtregierung hat der Aktiengesellschaft rund 100 000 städtische Wohnungen verkauft – mit in den 1990er-Jahren durchschnittlichen bis tiefen Mietpreisen. Eigentlich muss man von einem Geschenk an Hardliner im Spekulationsgeschäft sprechen: Der Aktienwert der Deutsche Wohnen hat sich zwischen 2015 und 2019 verdoppelt und zwischen 2012 und 2019 verdreifacht.[2] Die Verwertungsstrategie der Deutsche Wohnen basiert auf rigider Profitmaximierung, die zulasten der Werterhaltung geht. Es wird möglichst wenig in die Instandhaltung und möglichst viel in Modernisierungen investiert, die im Übermaß auf die Mieten umgelegt werden können.

Die großen Aktionäre der Deutsche Wohnen sind vor allem Vermögensverwalter im Bereich der Altersvorsorge, deren Berliner Anlagen seit 2012 um rund 300 Prozent an Wert gewonnen haben. Der amerikanische Finanzdienstleister State Street Corporation hält 3 Prozent Anteile. Für 7 Prozent steht die Norges Bank, die Zentralbank Norwegens. Sie verwaltet den staatlichen Pensionsfonds, der die Ölmilliarden des Landes als Rückhalt in Aktien investiert – für den Fall, dass der Ölpreis zusammenbricht oder der fossile Rohstoff durch nachhaltige Ressourcen ersetzt wird.

MFS Investment Management ist eine der ältesten Vermögensverwaltungsgesellschaften der Welt, die ihr Vermögen im Börsencrash im Jahr 1929 verlor und dennoch überlebte. Heute gehört MFS zu dem kanadischen Lebensversicherer und Finanzunternehmen Sun. Ihr Aktienanteil an der Deutsche Wohnen ist in einem BlackRock-Fonds mit dem sperrigen Namen »iShares STOXX Europe 600« enthalten, der in Berlin für fünf große Immobilienkonzerne steht: Deutsche Wohnen, Covivio, Grand City Properties, TAG Immobilien und Vonovia. Grand City Properties wiederum, ein globaler Immobilienkonzern mit Steuersitz in Luxemburg, hat in verschiedenen Metropolen 84 000 Wohnungen gekauft und allein mit seinen 7500 Berliner Wohnungen zwischen 2012 und 2019 einen Preisanstieg von 800 Prozent erreicht.

Mit dem neoliberalen Trend, auch die Altersvorsorge zu

privatisieren, entsteht ein Finanzmodell, das sich privater Haushalte bedient. Ein Beispiel: Frau M., 39, aus Neukölln hat ihr erspartes Geld in einer privaten Altersvorsorge angelegt. Diese investiert in Vonovia, die rund 42 000 Wohnungen in Berlin besitzt. In einer davon lebt Frau M., die ihr Erspartes also ihrem eigenen Vermieter anvertraut.

Dafür wurde und wird sie mehrfach bestraft. In rund fünf Jahren ist ihre Miete um mehr als 100 Prozent gestiegen. Zudem hat sie zwei Gerichtsverfahren am Hals, weil ihr Geldverwalter – also der Immobilienkonzern Vonovia – erhöhte Nebenkosten eintreiben will. Schließlich will der Konzern durch eine Billigsanierung die Miete weiter erhöhen – von ursprünglich 5,50 Euro auf 16 Euro pro Quadratmeter. Vorsorgefonds unterstellen also, dass Mieterinnen und Mieter ein Interesse haben, ihre Mietpreise in die Höhe zu treiben. Frau M. investiert in eine Altersvorsorge, die aufgebraucht wird, um die eigene Miete zu erhöhen. Die vermeintliche Beute hat sich in Selbstausbeutung verwandelt – mit den Worten von Frau M.: »Wir schaufeln uns hier unser eigenes Grab.«[3]

Wer enteignet eigentlich wen?

Wenn es um existenzielle Fragen wie das Wohnen geht, sind Durchschnittswerte, wie schon ausgeführt, nicht sehr aussagekräftig. Im Berliner Fall eignen sie sich aber doch, um eine Vorstellung über das Ausmaß der Wohnungskrise zu erlangen, die nur eine Schlussfolgerung zulässt: Die Mieten sind für die Mehrheit der Menschen unbezahlbar geworden. Seit 2008 sind Mieten für Neubauten um 200 Prozent angestiegen, im Bestand (ohne oder mit werterhaltenden Sanierungen) um 40 Prozent.[4] Die Einkommen sind im gleichen Zeitraum »im Durchschnitt« um 15 Prozent gestiegen, was für untere und mittlere Einkommen eine trügerische Zahl ist, da sie im Gegensatz zu den oberen Einkommen nicht gewachsen, sondern geschrumpft sind. Würden bei diesen Durchschnittswerten die Mediane mitberücksichtigt (u.a. obere Ausschläge durch Luxuswohnungen), sähe das Bild noch düsterer aus.

Es sind die neoliberalen Beutezüge und ihre behördliche Duldung, die die Enteignungsdebatte entfacht haben. Vergeblich haben Vermieterverbände sie zu entschärfen versucht, etwa indem sie die enorme Preissteigerung mit der steigenden Nachfrage begründen. Der marktreligiöse Einwand hat die ebenso defensiv wie theorielos agierende Regierung in den 1990er-Jahren und Anfang der 2000er-Jahre nicht infrage gestellt, sondern bestätigt. Zwar ist die Nachfrage eine Voraussetzung dafür, dass freie Märkte blühen. Doch das vermeintliche Naturereignis kann Mietern das Leben verderben: Was den Investoren nützt, schadet den Mietern – zumindest jenen, die sich die neue Nachfrage nicht leisten können, und das sind deutlich mehr als die Hälfte.[5]

Diese Ungleichheit dreht die Enteignungsfrage um: Enteignungen bedrohen nicht Eigentümer, sondern Nicht-Eigentümer. Die Enteignung von Kapital verlagert sich auf den Lohn. Der Humboldt-Professor Joseph Vogl formulierte es in einem Interview gegenüber dem *freitag* so: »In den letzten acht Jahren sind die Mieten in Berlin um 30 Prozent gestiegen, eine recht profitable Preisentwicklung. Subjektiv können Mieter solche Preissteigerungen durchaus als ›Enteignung‹ ihrer Lebensgrundlagen verstehen.«[6]

Das Angebot-Nachfrage-Modell hingegen entpolitisiert den freien Markt und dessen Akkumulationsgier. Und es verschleiert die desaströse Abhängigkeit von einem permanenten wirtschaftlichen Wachstum, das neben Wohnkrisen auch Klimakrisen auslöst. Nachfrage und Angebot sind bekanntlich politisch lenk- und manipulierbar. So kann die wachsende Nachfrage nach Wohnungen wie in Berlin und in anderen Großstädten keineswegs das Ausmaß der Preissteigerung erklären. Ursprung und zwingende Voraussetzung war eine Politik des billigen Geldes. Sie ermöglichte nicht nur, sondern sie *erzwang* eine gigantische Anhäufung von Kapitalvermögen, die nach den aktuell besten Anlagemöglichkeiten suchen. In den letzten Jahrzehnten waren dies Immobilien in wachsenden Städten, wo neoliberale Rahmenbedingungen es erlaubten, Profitsteigerungen und Performance mit Niedrigzinsen auszureizen. Das billige Geld floss also nicht »in erster Linie« – wie von den Zentralbanken versprochen –, sondern in letzter Linie in die Industrie, in Infrastrukturen und in die Bildung. Und da die Investitionen in Immobilien nicht nach Werterhaltung, sondern nach Profitmaximierung streben, wurde der Wohnungsbestand nicht besser, sondern bloß teurer. Das spiegeln entsprechende Mietpreissteigerungen in Berlin, welche die Performance börsennotierter Immobilienkonzerne verdoppelt oder verdreifacht haben, was im Wesentlichen leistungsfrei zustande gekommen ist. Und schließlich konnten nicht nur die Mietpreise widerstandslos angehoben werden, sondern auch die Bodenpreise – gewissermaßen als Extraprofit. Ähnlich wie in anderen Städten sind sie auch in Berlin in den letzten Jahrzehnten leistungsfrei um mindestens 10 Prozent pro Jahr gestiegen.[7]

Die neoliberale Geldwirtschaft hat den volkswirtschaftlichen Maßstab nicht bloß verloren – sie hatte nie einen solchen zum Ziel. Auch vor diesem Hintergrund wird in der

Berliner Debatte die Frage gestellt, wer denn eigentlich wen enteignet. Wenn Miet- und Bodenpreise (trotz billigen Geldes) steigen, wird das Einkommen lohnabhängiger Mieterinnen und Mieter in Kapital- und Bodenvermögen transferiert. Das heißt, dass sich die Enteignung der Mieter insofern verschärft, als eine Umverteilung von unten nach oben stattfindet.

Unschuld an die Macht!

Die Enteignung wirft als Erstes die Frage nach einer Entschädigung auf. Im Fall Berlins handelt es sich im Wesentlichen um eine Rekommunalisierung, also um einen Rückkauf. Nun: Misst sich die Entschädigung am damaligen Verkaufspreis oder am aktuellen Marktwert, der bei der Deutsche Wohnen die Steigerung des Aktienwerts um ein Vielfaches einschließen würde? Oder wird berücksichtigt, dass der Kurs mit dem verordneten Mietendeckel bereits gefallen ist und möglicherweise durch die Enteignungsandrohung noch mehr schrumpft? Schließlich besteht eine Variante darin, dass die Deutsche Wohnen ihre rund 100 000 Wohnungen zum Verkauf anbietet und die Stadt von ihrem Vorkaufsrecht Gebrauch macht, was einer Rekommunalisierung entspräche. Der Baustadtrat Florian Schmidt hat ein solches in Kreuzberg bereits angewendet und um das Jahr 2017 rund zweitausend Wohnungen in Privatbesitz kommunalisiert.

Die Gegenseite versucht verfassungsrechtlich Zunder zu legen, was jedoch als leere Drohung zu werten ist. Denn die Behauptung vom angeblich unantastbaren Eigentum ist falsch. Artikel 15 des Grundgesetzes hält unmissverständlich fest, dass Enteignungen im öffentlichen Interesse möglich sind. Die Möglichkeitsform schließt unterschiedliche politische Auslegungen freilich nicht aus. Eine Unantastbarkeit des Eigentums widerspräche aber nicht nur der Vergesellschaftung der Energieversorgung, des Rundfunks und so weiter, sondern müsste eine Streichung des Verfassungsartikels nach sich ziehen. Umgekehrt bietet die Möglichkeitsform aber Handhabe, um den Artikel bei fehlender Grundversorgung durch den Markt anzuwenden.

Abgesehen von diesem politisch geführten Rechtsstreit, der kaum als relevanter Einwand gegen Enteignungen gelten kann, gibt es das vermeintliche Killerargument, dass die Entschädigung (geschätzt wird eine Summe von 14 Milliarden Euro) unbezahlbar sei. Doch es läuft aus mehrfacher Sicht ins Leere.

Erstens ist auch gemeinnütziges Eigentum Kapital; es wird verwertet und generiert Mieteinnahmen. Dabei gibt es andere Spielräume als auf dem freien Markt. Etwa wenn die Politik des billigen Geldes von der Privat- auf die Volkswirtschaft übertragen wird. Und falls die Politik der Niedrig- oder gar Negativzinsen anhält, werden die Entschädigungen immer marginaler und die neuen Mietpreise geradezu paradiesisch.

Auch ohne billiges Geld kann die Mietkalkulation zugunsten der Mieter gelenkt werden und auf reiner Werterhaltung basieren, was allein das heutige Mietpreisniveau in vielen Fällen halbieren würde. Schließlich werden gleichbleibende Bodenpreise – beziehungsweise dem Markt entzogener Boden – die Mietkosten stabil halten. Diesem Szenario erwachsen auch Bündnisse mit immobilienunabhängigen Arbeitgebern. Sie haben ein Interesse daran, dass keine Lohnerhöhungen aufgrund von Mietpreissteigerungen erforderlich werden. Und wenn weder Löhne noch Mieten steigen, tendiert auch der Konsum zum Nullwachstum, was bekanntlich auch eine Voraussetzung ist, um Klimakrisen zu bewältigen oder zumindest zu mildern.

Es gibt kein volkswirtschaftliches Argument gegen die Enteignung. Einen bedenkenswerten Beleg liefert selbst eine Theorie der Enteignungsgegner. Ihre Wirtschaftslehre behauptet, dass staatliche Eingriffe überflüssig seien, da die Marktprozesse sich selbst regulierten. In der Tat geschieht das – allerdings *ex negativo:* In Berlin hat sich der Wohnungsmarkt sozialisiert, bevor Enteignungen überhaupt stattgefunden haben. Nicht im Wiener Ausmaß oder jenem Berlins der 1920er-Jahre, aber in Form einer Entmonopolisierung.

Die Mischung aus gesetzlich verbindlichem Mietendeckel und der Androhung der Enteignung hat zunächst die Aktienkurse der Immobilienfonds fallen lassen. Nun will die Deutsche Wohnen ihre Wohnungen verkaufen – zumindest einen hohen Anteil. Im Juli 2019, unmittelbar nach der Mietendeckel-Verordnung, waren bereits dreitausend Wohnungen ausgeschrieben. Sie werden nicht etwa abgestoßen, weil sie wertlos wären, sondern weil die Aussichten auf weiter ansteigende Gewinne – auf eine anhaltende Aktienperformance – dem nun politisierten Markt widersprechen.

Die Deutsche Wohnen rechnet damit, dass mit dem Verkauf, »wenigstens« die Bodenpreissteigerung und die entsprechende Performance von rund fünfzehn Jahren realisiert werden – schätzungsweise um 150 bis 200 Prozent. Ob das gelingt, ist inzwischen sehr fraglich, weil ja mit der Politisierung des Marktes auch die Bodenpreise fallen. Also spekuliert die Deutsche Wohnen mit dem Gedanken, dass aktuell noch eine verkaufte Wohnung besser (also teurer) sei als eine enteignete. Auch das ist fraglich, zumal der realisierbare tiefere Verkaufspreis als Anhaltspunkt für eine niedrige Entschädigung für die restlichen, noch unverkauften Wohnungen dienen kann. So kann die Deutsche Wohnen sich schließlich nur einen altideologischen Pyrrhussieg erhoffen: Verkaufte Wohnungen können der Enteignung entzogen werden, sofern sie an kleine Eigentümer übergehen.

In ihrer Strategienot hat die Deutsche Wohnen verkündet, ihre Geschäfte nun auf Altersresidenzen zu verlagern. Da Enteignungen weder rechtlich bindend noch vollzogen sind, könnte das ein Anlass sein, die Enteignungsstrategie zu korrigieren, um auch betagte Mieterinnen und Mieter von weiteren Mietpreisexplosionen zu verschonen. Der andere große Wohnbaukonzern, Vonovia, versucht, verschärften Eigentumseinschränkungen zu entgehen, in dem er sich prophylaktisch selbst solche auferlegt. Er hat verkündet, auf mögliche Mietpreiserhöhungen »freiwillig« zu verzichten.

Dämmerung der Wirtschaftsdemokratie

Mit dem Berliner Volksbegehren stellt sich noch eine andere, ebenso wesentliche Frage: In welche Rechtsform sollen enteignete Wohnungsbestände übergehen?

Wie die Enteignung selbst hat auch ihre Rechtsform eine politische Vorgeschichte, die ebenfalls in die Anfangsjahre der Weimarer Republik zurückgeht. Die Auseinandersetzung, wie sich Organe der Sozialisierung zusammensetzen und wie sie organisiert sind, gehörte damals zum klassenkämpferischen Programm, das einen revolutionären Umbruch einleiten sollte. Beispielhaft waren die Aufstände in Turin. Am 1. Mai 1919 verfassten Antonio Gramsci und Palmiro Togliatti in der Wochenzeitung *L'Ordine Nuovo* (Die Neue

Ordnung) einen Leitartikel, der zur Gründung von Arbeiterräten in den Fabriken aufrief. Bald waren 120 000 Turiner in Räten organisiert. Sie brachten die Fabriken unter ihre Kontrolle, ohne die Produktion einzustellen. Gramsci wurde zum politischen Sprecher der Massenbewegung. Über ein Rätekonzept hinaus wollte er eine »revolutionäre Kultur selbst organisierter Produzenten« entwickeln. Im November 1919 entstand eine »Kulturschule«, die der politischen Bildung der Arbeiterräte diente und als »spontane Schule der Arbeiterbewegung« agierte. Intellektuelle Bildung sollte nahtlos in proletarische Aktion übergehen.

Im April 1920 erreichte die Turiner Rätebewegung ihren Höhepunkt, als 200 000 Arbeiter einen zehntägigen Generalstreik durchführten. Es kam zu neuen Fabrikbesetzungen in ganz Italien. Erst dann bildete sich die machtvolle »Reaktion der besitzenden Klasse« (Gramsci), die mit dem Einsatz von Militär drohte. Schlichtend kam die Sozialistische Partei ins Spiel, die einen Kompromiss aushandelte, um das Einschreiten der Armee und damit eine gewaltsame Eskalation zu verhindern. Die Arbeiterräte wurden als Betriebsräte entmachtet und auf ein Mitspracheregremium beschränkt, für das Eigentum in welcher Form auch immer unantastbar war. Das *roll back* der Enteignung spaltete reformistische von revolutionären Bewegungen. Mit der sowjetrussischen Republik im Hintergrund wurde im Juli 1920 am II. Weltkongress der Kommunistischen Internationale (Komintern) die reformistische Fraktion als Grund für das Scheitern protokolliert, was im Sinn von Lenin war, auch wenn in seinem vorindustriellen Kampffeld ganz andere Regeln galten als in Zentraleuropa.

Die Voraussetzungen von damals sind mit den heutigen freilich nicht vergleichbar. Das gilt auch für Rückblicke auf die Weimarer Republik, die auch Kritik an reformistischen Bewegungen einschließen. In seinem aufschlussreichen Frühwerk *Kritik der zynischen Vernunft* (1983) setzt Peter Sloterdijk auf eine Diagnose, die der dialektischen Sicht auf die Aufklärung von Hannah Arendt oder der Kritischen Theorie zwar nicht widerspricht. Sloterdijk aber schaut in vertiefte Abgründe, wo politische Naivität und Vernunftgläubigkeit in eine Falle treten. Oder, mit den Worten von Botho Strauß: »Das Gutgemeinte ist oft gemeiner als der offene Blödsinn.«

Diese und ähnliche Deutungen, die an Horkheimers und Adornos *Dialektik der Aufklärung* anknüpfen, scheinen heute – obwohl nicht weit zurückliegend – historisch wie zeitgeistig befangen. Zumindest haben sie ihre Halbwertszeit erreicht. Im 20. Jahrhundert noch wurde die unüberwindbare Grenze von Reformen an der kapitalistischen Ordnung festgemacht – jenseits geht nichts. Nun ist die Konstellation hybrider geworden: Innerhalb der Ordnung ist auch außerhalb derselben, so wie die Ordnung sich selbst infrage stellt.

»Es gibt eine Mehrheit für die Enteignung, weil die Realität sie erzwingt.«[8] Für dieses Selbstverständnis steht zum Beispiel die Energiewirtschaft, die auf einen Enteignungsprozess mit reprivatisierenden Zyklen zurückblickt. Dabei wirft die Rechtsform eine Reihe von Fragen auf: Wie wird Enteignung organisiert, und von wem wird sie verwaltet? Soll ein Atomkraftwerk oder eine Autofirma von den Leuten geführt werden, die dort arbeiten – eine kommunale Wohnbaugesellschaft also von den Leuten, die in den Wohnungen leben? Oder generell: Wie soll »Gesellschaftseigentum« gegründet werden, das Macht und Ressourcen in die Hände normaler Menschen legt und damit neue Formen der demokratischen Mitbestimmung und des öffentlichen Eigentums auf lokaler, regionaler und nationaler Ebene schafft?[9]

In den europäischen Verfassungen ist die »Allgemeinwohl-Pflicht« des Eigentums verankert, das die Möglichkeit zur Vergesellschaftung einschließt. In der Berliner Debatte ist diese Möglichkeit die Basis für die Rechtsform der Enteignung, die auch als »Wirtschaftsdemokratie« bezeichnet wird.

In Berlin hat bereits 2015 ein Volksentscheid die Gründung einer Anstalt öffentlichen Rechts für Mietwohnungen gefordert. In dieser Organisationsform – wie sie für Sparkassen oder im öffentlichen Rundfunk bereits eingeführt ist – entscheiden Wirtschafts- und Sozialräte, was und wie produziert wird. Das Modell stammt nicht aus der alten DDR, sondern aus Schweden. Ein anderes Vorbild ist das »Preston-Modell«, das die Labour-Wirtschaftspolitik in Großbritannien im Rahmen regionaler Struktur- und Industriepolitik entwickelt hat und das nicht nur Investitionen, sondern auch Gewinnverteilung und Mitbestimmung beinhaltet. Wesentlich ist bei allen betrieblichen Modellen, dass eine übergeordnete Wirtschaftspolitik zum Tragen kommt. Insofern ist bei der Vergesellschaftung der Wohnwirtschaft entscheidend, dass die Werterhaltung gegenüber der Gewinnmaximierung in den Vordergrund tritt.

Eine solche Anstalt öffentlichen Rechts ist nun für Berlin vorgesehen. Ihr obliegt per Gesetz die Enteignung als Auftrag und deren Ausführung. Der Verwaltungsrat besteht aus fünfzehn Mitgliedern: Vermieter, Berliner Senatsangestellte, Mieter, Angestellte städtischer Wohnungsunternehmen und direkt gewählte Vertreter der Stadtbevölkerung.

Die Berliner Enteignungsdebatte geht über den Wohnungsmarkt hinaus: Mit der Vergesellschaftung der Energieinfrastruktur soll auch die demokratische Kontrolle über die Energieversorgung erreicht werden, um den ökologischen Umbau einzuleiten. Dafür gibt es in Berlin besondere Voraussetzungen. Die landeseigenen Unternehmen werden nicht direkt vom Senat verwaltet, sondern es gibt Kooperationsverträge zwischen dem Senat und den privatwirtschaftlich verfassten Unternehmen. Ohne rechtlich bindende Gemeinwohlorientierung gibt es keine Pflicht zum sozialen Vermieten, auch in kommunalen Unternehmen. Daher ist eine Anstalt öffentlichen Rechts nötig.[10]

Die demokratischen Formen der Sozialisierung haben auch aus historischer Sicht keine reine Arbeiterherrschaft gewährleisten können. Wenn etwa die Atomkraftwerke der Belegschaft gehören würden, wären die Folgen dieser Technologie, wie etwa die Frage der Entsorgung von Atommüll, nicht kontrollierbar. Für die Wohnungswirtschaft gilt auch, dass Immobilien nicht allein durch ihre Mieter verwaltet werden sollen, so wie kollektive Immobilien nicht nur jenen gehören, die sie zufällig bewohnen.

Enteignungsbegehren von oben

Enteignungen und ihre Rechtsformen kommen keineswegs bloß »von links«. Sie gehören im Besonderen zum wirtschaftspolitischen Instrumentarium der Zentralbanken, konkreter: zu deren Krisenmanagement, wenn sich am Horizont der Risikokaskaden der nächste Einbruch abzeichnet, wie ihn im Juli 2019 die Europäische Zentralbank (EZB) wieder einmal diagnostiziert hat. Zur Immobilienblase, vor der die EZB nun warnt, hat sie mit der Politik des billigen Geldes zwar selbst beigetragen, wenn sie sie auch nicht selbst verursacht hat. Diesen Widerspruch lösen – im Selbstverständnis der EZB – nun Staatsschulden. Inzwischen stößt aber auch deren Wirksamkeit an eigene Grenzen, so wie die Kapitalakkumulation in der Finanz- und Kreditökonomie nicht beliebig expandieren kann.[11]

Inzwischen ist bekannt, dass die gesteuerte Wirtschaftspolitik der letzten Jahrzehnte im Wesentlichen nur Großbanken und Immobilieninvestoren genützt, der Volkswirtschaft und den Normalbürgern hingegen geschadet hat. »Auch nach 2008 haben sich Großbanken in den USA und in Europa mit großer Freude enteignen lassen, um mit vielen Steuergeldern sich zu reprivatisieren. Im ökonomischen (und dialektischen) Sinn ist der Begriff der Enteignung zu sich gekommen.«[12]

Wenn Steuergelder für die Sanierung von Unternehmen oder für den *Too-big-to-fail*-Fall verwendet werden, handelt es sich de facto um eine Enteignung, deren Besonderheit darin besteht, dass sie weder volkswirtschaftlich noch demokratisch legitimiert ist. Staatsschulden und -anleihen sind verschleiernde Begriffe für dieselbe Form der Enteignung von oben. Die Investitionen der letzten Dekaden waren weder produktiv, noch verfolgten sie kollektive Interessen, sondern sie dienten »dem wirtschaftlichen Wachstum« im Allgemeinen, das – wie gesehen – nicht nur die Kluft zwischen Arm und Reich vertieft, sondern seine eigenen Grenzen überschritten hat. So hat auch die Enteignungsdrohung die Richtung gewechselt. Bedroht sind nicht diejenigen, die viel haben, sondern diejenigen, die wenig haben.[13]

Die Kritik an der perspektivlosen Geldpolitik der letzten Jahrzehnte kommt auch von innen: BlackRock, einer der weltweit größten Vermögensverwalter, hat im August 2019 eine Studie veröffentlicht, die u. a. vom ehemaligen Präsi-

denten der Schweizerischen Nationalbank Philipp Hildebrand und von Stanley Fischer, Ex-Chef der US-Notenbank
und des Internationalen Währungsfonds, verfasst wurde. Die
Kernaussage ist, dass die weltweite Geldpolitik der Niedrigzinsen und des billigen Geldes am Ende sei, so dass die
einzige Alternative darin bestehe, direkt Geld in die Wirtschaft zu pumpen. Und zwar durch die Notenbanken selbst –
also über die Köpfe von Politik und Banken hinweg. So
könnten sowohl Niedrigzinsen als auch die Banken umgan-
gen werden, was für eine geldpolitische Wende nötig sei.
Unausgesprochen fordern die Notenbanker im Kern eine
Wende vom Privat- zum Staatsmonopol.

Die staatsmonopolistische Interventionsidee erinnert an
das sogenannte Helikoptergeld, das von Milton Friedman
erfunden und von Fed-Chef Ben Bernanke 2002 als mögliche »Rettung der Wirtschaft« ernsthaft in Erwägung gezogen wurde. Gemeint war der Abwurf von Noten zur direkten
Finanzierung der Allgemeinheit, um deren Verarmung auf-
zuhalten. Die BlackRock-Expertise geht nicht im wörtlichen
Sinn von abzuwerfendem Helikoptergeld aus, da der vermeintliche Geldsegen eine Hyperinflation auslösen würde.
In diesem Fall sind kontrollierte Zuschüsse von Notenbanken gemeint; sie sollen – im Vergleich zu früher – gezielter
erfolgen und an Bedingungen geknüpft werden. Dies ist
nun – und das scheint zunächst verblüffend – eine andere
Form der Kritik an der aktuellen Geldpolitik, die auch die
Berliner Debatte prägt. Der Thinktank der Notenbanken und
die Verfechter der Wirtschaftsdemokratie sind sich einig,
wenn es um die Hauptursache des geldpolitischen Desasters
geht: Das billige Geld ist nicht in die Produktion und in
Infrastrukturen geflossen, sondern in der Immobilien- und
Finanzwirtschaft verdampft.

Das Notenbankengeld soll nach Meinung der BlackRock-Experten nun ausschließlich in wertvermehrende und produktive Bereiche gepumpt werden, also vor allem als Investitionen in Infrastrukturen, Bildung und nicht börsennotierten Wohnungsbau. Dieses Fazit kann nicht darüber hinwegtäuschen, dass einer der größten Anlageverwalter der Welt in erster Linie an hoher Rentabilität und Performance interessiert ist. Genau das traut BlackRock der Immobilien- und Finanzindustrie offensichtlich nicht mehr zu. Die geldpolitische Wende, für die der Anlagekonzern wirbt, bewegt sich denn auch innerhalb des gesamtwirtschaftlichen Systems. So sollen das Investitionsprogramm und seine Bedingungen korrigiert und deaktiviert werden können – mit Notbremsen für den Fall, dass die Inflation zu stark ansteigt.

In der *New York Times* kursierte nach Veröffentlichung des BlackRock-Papiers die Meldung, dass auch amtierende Chefs von Notenbanken Inhalt und Strategie der BlackRock-Expertise teilen würden, aber aufgrund ihrer vermeintlich unpolitischen beruflichen Rolle öffentlich nicht bestätigen dürften, dass Notmaßnahmen zwingend seien, um den globalen Markt vor seiner Selbstzerstörung zu retten. Beispielhaft für die Dringlichkeit sind Anleihen mit Negativzinsen. Dem Großkonzern Siemens wurden 3,5 Milliarden Euro gewährt. Diese Schulden hat Siemens in dreijährige Anleihen verwandelt, die eine leistungsfreie Rendite von 0,315 Prozent garantieren.

Was die Ex-Notenbanker Hildebrand und Fischer ankündigen, versetzt sie in eine verkehrte Rolle. Sie sind verbal gehemmt, wenn sie begründen müssen, wieso Investitionen der Nationalbanken nicht mehr zu den Banken, sondern in die produktive Wirtschaft fließen sollen. Die geldpolitische

Attacke von Bankern auf Banker trifft ins Zentrum der Enteignungsfeinde. BlackRock entrinnt dem Dilemma, in dem die geldpolitische Wende steckt, nicht inhaltlich, aber rhetorisch: De facto sind Bankenenteignungen gemeint, ohne dass solche erwähnt werden.

Eine Zentralregierung aus Notenbanken würde allerdings nicht nur die Banken, sondern auch die Politik und die Demokratie untergraben, was natürlich nicht widerstandslos geschähe und auch sonst fragwürdig sowie politisch unrealistisch ist. Bei so viel Willen zur Macht stellt sich umgekehrt die Frage, ob den Notenbanken nicht schon zu viel davon eingeräumt wurde. Schließlich haben sie Negativzinsen wie Währungsaufkäufe und -manipulationen eingeführt, welche die Krise von 2008 zwar entschärft haben, jedoch eine wiederholte und verschärfte Krisendoublette nicht ausschließen, sondern eher wahrscheinlich machen. Oder als geldpolitische Bilanz der letzten zehn Jahre: Wenn die Notenbanken ihr Versagen mit einer selbsternannten Diktatur entschädigen wollten, würden sie ihre Unbelehrbarkeit nur bestätigen und eine Wirtschaftsdemokratie, wie sie gerade in Berlin in Diskussion ist, noch dringlicher erscheinen lassen. Innerhalb des herrschenden Wirtschaftssystems jedoch scheint der Machtzuwachs der Notenbanken unausweichlich: Die Politik der Deregulierung mit ihren Notprogrammen hat sich endgültig in eine Sackgasse manövriert, aus der nur eine staatmonopolistische Hilfskonstruktion ein Entrinnen verspricht. Eine Diagnose, die – *notabene* – aus dem ökonomischen Manöverzentrum globaler Investitionsmacht kommt.

Umverteilung versus Enteignung

Eigentum und dessen Enteignungsvarianten haben, historisch betrachtet, einen Bedeutungswandel erfahren. Bereits die Wirtschaftskrise der 1920er-Jahre erzwang die Frage, ob und, wenn ja, wie der Untergang der kapitalistischen Wirtschaftsordnung verhindert werden kann. In einer Mischung aus Notanker und Strohhalm wurde auf die Umverteilung von Kapital gesetzt. Auf dem Ausgleich gründete der sogenannte Wohlfahrtsstaat. Es handelte sich um einen historischen Kompromiss, der auch in der Nachkriegszeit ein stetiges Wachstum von Wirtschaft und Konsum nach dem fordistischen Modell der Massenproduktion ermöglichte und zugleich voraussetzte.

Der Wohlfahrtsstaat galt lange als unantastbar. Bis in die 1970er-Jahre sorgten Steuerpolitik und starke Gewerkschaften für einen Ausgleich zwischen krassen Einkommens- und Vermögensunterschieden. Diese Moderation ist von der politischen Bühne nicht plötzlich, sondern allmählich verschwunden. Jürgen Habermas datierte das Ende der Umverteilungspolitik schon auf die 1970er-Jahre, als das Wirtschaftswachstum einbrach. »Die Umverteilungspolitik ist am Ende, weil es nichts mehr zu verteilen gibt.« Habermas' Satz hat seit den 1990er-Jahren ein Korrektiv erfahren: Nun ist die Umverteilungspolitik am Ende, weil nur nach oben verteilt wird.

Gleichwohl konstatiert Joseph Vogl ein rhetorisches Beharren an der Unantastbarkeit des Wohlfahrtsstaats, das jedoch längst einer realpolitischen Grundlage entbehrt: »Diese bequeme Diskurslage, man könnte fast sagen, diese Diskursmatratze, hat die Parteien bis heute nicht verlassen, obwohl sich radikale Veränderungen eingestellt haben. Seit den 1990er-Jahren wurde der alte Nachkriegskompromiss aufgelöst, die Marktordnung garantiert eben nicht mehr sozialen und demokratischen Ausgleich.«[14] Die Gründe dafür sind, so Vogl, nicht nur die lautstarken Krisen und Crashs wie 2008, sondern schleichende, zunächst kaum spürbare Veränderungen.

Die Ökonomisierung des Regierens, die durch Thatcher und Reagan in den USA und Großbritannien eingeleitet wurde, beförderte Steuerprivilegien, Privatisierungen, Liberalisierung der Finanzmärkte, Austeritätspolitik, Arbeitsmarktreformen sowie die Reduktion von Unternehmens- und Vermögenssteuern. Nun hat das Narrativ vom »freien Markt« und von der »sozialen Marktwirtschaft« ein doppeltes Problem: Zum einen ist die Ökonomisierung des Regierens gescheitert, sie vermag weder Wohnungs- noch Klimakrisen zu lösen, sondern bloß noch zu verdrängen, was autoritäre, rassistische Hampelmänner besorgen, die der Neoliberalismus offensichtlich noch als letztmögliches politisches Personal rekrutieren kann. Zum anderen hat die Ökonomisierung des Regierens die Ungleichheitsdramen verschärft. Im wirtschaftlich erfolgreichen Deutschland etwa entsprechen heute die Eigentums- und Vermögensverhältnisse einer gesamtgesellschaftlichen Neofeudalisierung: 45 Haushalte in Deutschland verfügen über so viel Privatvermögen wie die untere Hälfte der Bevölkerung. Und circa 40 Prozent der Haushalte haben kein oder nur ein Minus-Vermögen.[15]

Der Kapitalismus hat sich radikalisiert, anders und extremer als in den 1920er-Jahren. Damals wurden Anti-Trust-Gesetze eingeführt, Rockefellers Standard Oil zerschlagen und vierhundert Banken geschlossen. Die Monopolstellung von Unternehmen galt als innerkapitalistischer Widerspruch: Ohne freie Märkte, ohne Wettbewerb stirbt der Kapitalismus ab. Im Plattformkapitalismus, wie ihn der Informationsmarkt betreibt, ist Monopolisierung jedoch das oberste Ziel. »Wettbewerb ist beschwerlich, wir wollen ihn nicht, das Leben wird leichter, wenn man es gütigen Monopolisten überlässt«, predigt etwa Peter Thiel, Milliardär und Mitgründer von PayPal. Dieses nach Monopolisierung strebende Eigentum hat neue Produktionsmittel, die – was Marx sich noch nicht vorstellen konnte – Informationsmaschinen sind. Auch sie können Mehr- und Tauschwert erzielen. Nur sind es nicht mehr Arbeitskräfte, sondern Informationen, die Eigentum vermehren.

Das andere Phänomen des neuradikalen Kapitalismus ist die *absentee ownership* (Thorstein Veblen) – gemeint sind Eigentümer, die ihr Eigentum auf eine Weltreise schicken, um es dort zu platzieren, wo der größte Gewinn zu erwarten ist. »Ein entpflichteter Eigentümer also, gegenüber dem der alte kapitalistische Unternehmensfürst wie ein Hausvater aussieht.«[16] Weltreisende Eigentumsvermehrung schaffen u. a. auch Google, Uber, Airbnb, deren astronomische Börsennotierungen längst die Waren produzierenden Industrien in den Schatten stellen. Was die Börse in ihrem Tunnelblick begeistert, ist nicht die Entpflichtung des Kapitals allein – auch die Mehrwertschöpfung kann sich ihrer lästigen Einschränkungen entledigen: keine unbequemen Arbeitskräfte und kein risikoreiches Fixkapital. Das feiert auch das Finanzkapital, solange es noch eine Rolle spielt, mit Kurssprüngen.

Der Plattformkapitalismus verabschiedet das alte Unternehmertum mit seinen melodramatischen Erfolgsnarrativen, »die halbbewusst, sozusagen in der Unterwäsche des ökonomischen Bewusstseins immer noch aufgerufen werden.

Das reicht vom alten Robinson auf seiner einsamen Insel bis zum amerikanischen Traum. Während die Vokabel des Sozialismus – auch lange eingeübt – mit leeren Regalen, Massenaufmärschen, Kleingartenglück, Zweitaktmotor und Urlaub im Gewerkschaftsheim assoziiert ist. Dabei ist der amerikanische Traum so tot wie die Zonengrenze. Also Schluss mit diesen Erzählungen.«[17]

Auch in Berlin ist die Bedrohung, die hinter dem Eisernen Vorhang lauerte, in den Geschichtsbüchern verschwunden. Man kann vermuten, dass mit dem Untergang des Sowjetregimes auch das gespenstische Narrativ im historischen Echoraum des Kalten Krieges verhallt ist und die Frage nach Alternativen zum Kapitalismus erst ermöglicht hat: »Man kann ja nicht mehr ›nach drüben‹, ins Land der Finsternis, geschickt werden [...]. Mit ›sozialistisch‹ ist heute weder ein Umsturz noch ein Angriff auf demokratische Grundordnungen gemeint, im Gegenteil. Es geht um die Dinge, die Artikel 15 des Grundgesetzes einräumt: um Fragen nach dem Verhältnis zwischen Gemeinwohlinteressen und Geschäftsmodellen, um die Frage, ob ›Vergesellschaftung‹ ein Weg zur Rettung von Gemeingütern sein könnte, ganz unjuristisch formuliert.«[18]

Die Berliner Bestrebungen nach einer Vergesellschaftung sind weder parteipolitisch noch systemisch, noch ideologisch fixiert. Man könnte auch sagen, dass politische Naivität ihre Unschuld verliert und Macht beansprucht. So ist der Berliner Aufstand ein Aufruf, aus der politischen und ökonomischen Fantasielosigkeit auszutreten.

Mietendeckel und Enteignung
im Umsetzungsmodus

In Berlin gibt es viele Volksbegehren, weil es seit den 1990er-Jahren eine entsprechende Regelung zu Volksentscheiden auf Landesebene gibt. Die Bundesebene kennt diese Möglichkeit nicht, ebenso wenig wie ein Vergesellschaftungsgesetz. Daher können in Deutschland auch nur Bundesländer eine Vergesellschaftung durchführen, eingeschlossen Mietbremsen und andere Eigentumseinschränkungen.

Im Berliner Abgeordnetenhaus hat Mitte März 2019 ein Gutachten[19] zweier Mietrechts- und Verfassungsexperten bestätigt, dass das Land Berlin einen Mietendeckel einführen darf. Umgehend wurde beschlossen, dass die Verordnung noch vor der parlamentarischen Sommerpause erlassen werden sollte, was denn im Juni 2019 auch getan wurde. Über die Details sowie die genaue Formulierung der Verordnung wird voraussichtlich Anfang 2020 entschieden.

Das Moratorium gilt zunächst für fünf Jahre, während deren »die Mieten um keinen Cent mehr ansteigen dürfen«[20]. Es bezieht sich auf Bestandsmieten und auf neu geschlossene Mietverträge – mehr als den zuvor erhobenen Mietzins soll der Vermieter nicht verlangen dürfen. Ausgenommen sind Neubauwohnungen ab 2014, die noch nicht vermietet wurden. Jede Mieterin und jeder Mieter hat darüber hinaus das Recht, die eigene Miete auf eine mögliche Preisüberhöhung hin überprüfen und sie dann gegebenenfalls absenken zu lassen.

Da Modernisierungen *die* Mietpreistreiber schlechthin sind, will die Stadtregierung auch in dieser Hinsicht genaue Vorkehrungen treffen. Jede Modernisierung, infolge deren die Bruttowarmmiete um bis zu 50 Cent pro Quadratmeter steigt, wird anzeigenpflichtig, eine Erhöhung um mehr als 50 Cent pro Quadratmeter wird genehmigungspflichtig und kann von der öffentlichen Hand untersagt werden. Ausnahmefälle gelten auch für Vermieter. Sie können in »wirtschaftlichen Härtefällen« – etwa bei notwendigen und teuren Sanierungen – die Erlaubnis erhalten, mehr Miete zu verlangen. Mieter, die davon betroffen und in Besitz eines Wohnungsberechtigungsscheins sind, bekommen vom Staat die Differenz erstattet, die sich am Verhältnis von Miete und Einkommen orientiert, das ein Drittel nicht übersteigen soll. Alle diese Regelungen sind noch nicht im Umsetzungsmodus. Bis Anfang 2020 sollen sie justiert werden, um dann in Kraft zu treten.

Kaum war die Verbindlichkeit des Mietendeckels nicht bloß angekündigt, sondern auch terminiert, verkündete der Eigentümerverband Haus & Grund Berlin den Aufruf zum Countdown: »Die womöglich letzte Chance, die Miete zu erhöhen, endet am 17. Juni 2019. Erhöhen Sie die Miete! Jetzt!« Derart kurzfristig war das allerdings nur in wenigen Fällen möglich.

Haus & Grund argumentierte, dass der Mietendeckel weitere Bauinvestitionen verhindere; durch kumulierten Mieterhöhungsverzicht würden der Bauwirtschaft 250 bis 500 Millionen Euro in fünf Jahren fehlen. Das entspräche drei- bis sechshundert Neubauwohnungen pro Jahr. Der Einwand zielt jedoch ins Leere, denn diese Neubauten würden ja – ohne Mietendeckel – den ohnehin zu hohen Anteil an teuren Wohnungen bloß weiter ansteigen lassen. Auch die Genossenschaften brachte Haus & Grund als Argument ins Spiel: Falls auch ihnen keine Mieterhöhungen erlaubt würden, könnten 180 bis 370 weniger Wohnungen jährlich gebaut werden. Das macht total rund tausend neue Wohnungen, die *nicht* gebaut werden, denen allerdings eine Gesamtentlastung von 1,4 Millionen Mieterinnen und Mietern gegenübersteht, wie der Stadtsoziologe Andrej Holm im *freitag* vorgerechnet hat.[21]

Unabhängig davon: Es ist auch ein rechnerischer Trugschluss, dass der Wohnungsbedarf durch Mietsteigerungen finanziert werden könnte. »Selbst wenn alle Mietsteigerungen – also auch die der privaten Vermieter – in den Neubau fließen würden, käme dabei eine Jahresneubauleistung von etwa viertausend Wohnungen heraus. Gebraucht werden aber zwanzigtausend neue Wohnungen pro Jahr. Es ist unseriös, den Mietendeckel der Neubauleistung gegenüberzustellen: Auch die Neubauwohnungen würden so kalkuliert werden, dass sie Erträge generieren und nicht vollständig aus den Mieterhöhungen im Bestand bezahlt werden. Und es wäre paradox, eine soziale Wohnversorgung im Neubau mit dem Verlust von leistbaren Mieten im Bestand erkaufen zu wollen.«[22]

Spätkapitalismus ade?

Das Berliner Moratorium kann sich also nicht auf eingefrorene Mietpreise beschränken. Im Vordergrund stehen die Rekommunalisierung und der Ausbau der öffentlichen und genossenschaftlichen Bauträger, die eine Marktdominanz erreichen müssen. Ohne solche ist weder die Wohn- noch die Stadtentwicklung lenkbar. Das ist die erste Schlüsselerkenntnis aus dem Wiener Modell, die unabhängig von dessen besonderer stadtpolitischer Vorgeschichte gilt; die zweite ist, dass ohne Liegenschaftspolitik und Bodenreform Marktdominanz nicht zu haben ist.

Dafür stehen die Chancen in Berlin insofern gut, als die vorgesehenen Interventionen rechtskonform sind und demokratischen Verfahren nicht widersprechen. Nicht nur kann der Immobilienwirtschaft privater Boden entzogen werden; er wird zudem immer billiger, wenn leistungslose Gewinnsteigerung durch politische Hindernisse wie den Mietendeckel oder öffentliche Bodenfonds erschwert oder verunmöglicht wird. In Berlin gibt es eine Möglichkeit, den Bodenfonds auszuweiten. Durch die Kontrolle der Grundstücksvergabe mit einem »Schuldenbremsengesetz«, kombiniert mit einem Vorkaufsrecht, können weitere Grundstücke erworben werden, um das kommunale Bodenvermögen zu vergrößern. Die Verwertung des Bodenfonds folgt den Zielen der Stadtentwicklung, die auch über Erbbaurechte langfristig gelenkt werden kann.

Wie die Berliner Debatte ausgeht, die ja ein Menschenrecht – das Recht auf Wohnen – reklamiert, ist noch ungewiss. Auch Gegner sind in Sicht, die allerdings eine Minderheit bilden. Und sie neigen dazu, die Debatte zu psychologisieren, um ihr auszuweichen. Der wohnungspolitische Sprecher der CDU-Fraktion im Berliner Abgeordnetenhaus etwa empfindet den Mietendeckel wie auch das Thema Enteignungen als «reichlich skurril« und beschwört eine »gesteigerte Angst bei den Mietern vor Verdrängung«, welche die Enteignungsdrohung angeblich auslöse. Der Berliner Mieterverein entgegnete ernüchternd mit dem Hinweis, dass Mieter heute schon eine geforderte Mieterhöhung überprüfen und anfechten können. Bei den Mietpreissenkungen durch Enteignungen sei es zudem unwahrscheinlich, dass diese aus Angst angefochten würden.

Reaktionen der Opposition werden vermutlich auch weiterhin wirkungslos bleiben – es sei denn, es formiert sich eine Front aus neoliberalen Restbeständen und rechten Neubeständen, um demokratische Verfahren und rechtsstaatliche Verfassungen über Bord zu werfen. Dagegen sprechen jedoch andere, bereits verwirklichte stadtpolitische Erfolge der Sozialisierung im Kleinen, die den Berliner Alltag angenehmer gemacht haben, wie etwa die Gratisnutzung des öffentlichen Personennahverkehrs für Schülerinnen und Schüler oder das kostenlose Mittagessen in der Schule. Auch hat die Stadtregierung privaten Investoren Wohnungen vor der Nase weggeschnappt, indem Bezirke von ihrem Vorkaufsrecht Gebrauch machten. Und selbst der Mietendeckel werde der Initiative »Deutsche Wohnen & Co. enteignen!« nicht den Wind aus den Segeln nehme, so Rouzbeh Taheri, der Mitgründer und Sprecher der Initiative.[23] Zu groß sei der Notstand in Sachen Wohnen.

So kann man vermuten, dass andere Länder und Städte, in denen ähnliche Wohnungskrisen herrschen, sich an der Berliner Stadtpolitik orientieren werden. Wie etwa die Stadtregierung in München, die, mit ähnlichen Problemen konfrontiert, neugierig nach der Hauptstadt schielt, wo das noch vor wenigen Jahren für unmöglich gehaltene möglich erscheint: »Wenn sich Rot-Rot-Grün jetzt auch noch in seiner Gesamtheit hinter das Ziel der Initiative stellt, um den Wohnungsbau von gewählten Politikerinnen, Betriebsräten, Mieterinnen und Mietern beaufsichtigen zu lassen – dann wird aus Berlin wohl endgültig ein Ort, an dem ein gutes Leben nach dem Spätkapitalismus greifbarer ist als anderswo.«[24]

III

ANEIGNUNG

Zuhause und Heimat

»Zuhause« und »Heimat« werden häufig synonym verwendet. Auch wenn sie Unterschiedliches bezeichnen – ein Dorf, eine Landschaft, ein bestimmtes Haus, etwas Symbolisches –, drückt sich darin die gleiche Vorstellung aus: die Verbundenheit mit einem Ort. Weil diese weder ein Gegenstand noch einfach herstellbar ist, entsteht sie über Erzählungen, Legenden, Mythen, Bilder, Romanzen, Rituale. Dabei spielt es keine – oder zumindest keine entscheidende – Rolle, ob die Narrative wahr oder erfunden sind. Wichtig ist ihre emotionale und geistige Vertrautheit.

Es gibt unendlich viele Beispiele in Literatur und bildender Kunst, die der Welt vor Augen führen, dass die eigene Heimat schön ist; dass sie gar nicht anders sein kann als schön. Selbst wenn es abweichende Darstellungen gäbe, wären sie wirkungslos. Denn die hässliche Heimat existiert nicht. Was sich nicht ins Bild der schönen Heimat fügt, ist nicht Heimat. Auch die Kritik an ihr nicht. Solche gälte – wenn schon – als Gesellschaftskritik.

Das hat auch Friedrich Dürrenmatt erfahren, als er 1990 in einer Rede seine Heimat als ein Gefängnis beschrieb, das die Schweizer sich selbst gebaut haben. Ein anderer Schweizer, der Schriftsteller Lukas Bärfuss, hat seiner Heimat vor einigen Jahren in der *Frankfurter Allgemeinen Zeitung* eine »psychotische Störung« attestiert, eine Verkommenheit der politischen Argumente, die dazu führe, dass das selbst ernannte »Volk von Zwergen« die Okkupation von Medien und Kulturinstitutionen durch rechtsgerichtete Politiker samt deren Privatvermögen dulde. Bärfuss wurde 2019 für sein »nervöses politisches Krisenbewusstsein« in Deutschland mit dem renommierten Georg-Büchner-Preis ausgezeichnet.

Das wurde in der Schweiz auch so verstanden: Heimatkritik ist fürs Ausland gedacht. Gälte sie Deutschland, würde sie wohl in der Schweiz geehrt.

Immun gegen Kritik, ist Heimatbewusstsein eine malerische Konstruktion, die Landschaft und Natur in Einklang bringt. Pferde, Schafe, Schweine stehen in harmonischer Eintracht auf unberührten Weiden. Gesichter gibt es nicht. Menschen würden den Heimattraum nur stören. Und auch die Harmonie von Stadt und Landschaft wäre bedroht, wenn Menschliches, Gegenwärtiges oder Modernes auf der Bildfläche erschiene. Die Architektur der letzten hundert Jahre ist auf dem heimatlichen Display gecancelt. Das Alte füllt den Raum; es ruht in sich und schließt Nicht-Bewunderung und Geistesgegenwart aus.

Nun ist Heimat nicht irgendeine Heimat, sondern stets die *eigene*. Sie entsteht, wie das Zuhause, im Kopf – als ein *Ideal*. Dazu braucht es ein geradezu übermenschliches Ausmaß an Verdrängungsleistung. Das Spektrum reicht von ungelebter Gegenwart bis zu einem eng begrenzten Idealraum; dieser existiert in Wirklichkeit freilich nicht und hat auch nie existiert.

Das Zuhause ist die nach innen gekehrte Heimat. Beiden Vorstellungen ist gemein, dass sie hochgradig affektbesetzt sind. Unter dieser emotionalen Überlast kann das Konstrukt leicht ins Wanken geraten. Umso mehr wächst die Sehnsucht nach etwas Beständigem – wie das Wandbild, das sich unsere Vorfahren über den Kamin gehängt haben und das eine Landschaft zeigte, wie sie nie war und nie sein wird. Oder ein Name, der für immer und ewig in Stein gegossen ist.

Wenn auch symbolische Schwergewichte nicht den Halt geben, den sie versprechen, offenbaren die idealisierten Heimaten ihre Heimtücken: Wer gehört zur eigenen Heimat, zum eigenen Zuhause und wer nicht? Wer ist der Gast, wer ist der Fremde? Wer darf über die Schwelle treten, wo sind die Grenzen zwischen Außen und Innen?

Vorstellungen von Heimat wie auch von Zuhause wirken ein- und ausgrenzend. Es handelt sich um rhetorische und kognitive Setzungen, die in die Welt geworfen werden. Die Pointe ist, dass sich jeder und jede einen beliebigen Raum zur Heimat und zum Zuhause machen kann.[1] Dem widerspricht nicht, dass das eigene Ideal nach einem verbindenden, quasi naturgegebenen Überideal sucht. So sind Heimaten beliebt, die sich quasi von selbst verstehen – wie etwa die Zugehörigkeit zu einer Nation. Doch diese ist im Besonderen ambivalent und verschärft das Ein- und Ausgrenzende. So kann das Heimatgefühl ungefiltert mit Fremdenhass verschmelzen.

Die Sehnsucht nach bloßer Einbettung in der Welt – in welcher Art auch immer – erscheint dagegen harmloser. Allerdings benötigt auch sie ein ikonografisches oder narratives Idealbild, das eine kognitive Leistung und Konstruktion voraussetzt. Selbst wenn die Sehnsucht sich weniger feindselig in die Welt setzt, verkleinert sie diese. Denn das Sehnen ist nur als Mangel beschreibbar – als Lücke zwischen Vorstellung und Realität, zwischen Wünschen und Haben. Darin scheitert jeder Versuch, sich das anders Mögliche bloß vorzustellen. Nur wer die Lücke überspringt, macht die Erfahrung, dass das Gewohnte ihm entgegentritt und fragend zurückschaut. Die Sehnsucht erscheint nicht mehr als Mangel, sondern als ein Hindernis, das überwunden werden muss.

Heimat als Sehnsucht
und Sehnsucht als Heimat

Ambivalenzen wie die Uneindeutigkeit von Zuhause und Heimat sind zwar schwer erträglich, aber kaum aus der Welt zu schaffen. Haben wir uns ans Jammern gewöhnt, ist es gar angeboren? Oder: Brauchen wir überhaupt *das* Zuhause und *die* Heimat – wieso eigentlich nicht mehrere? Oder gar keine?

Der ungarische Philosoph und Marxist Georg Lukács war der Ansicht, dass die bürgerliche Gesellschaft zwangsläufig in eine »transzendentale Obdachlosigkeit« führt. Die Metapher, die er in seiner »Theorie des Romans« 1916 ausführt, beruht auf dem Gedanken, dass der moderne Mensch das Obdach von Religion, Familie und Klasse verlassen habe und diese Befreiung ihn nun zu sich selbst zurückwerfe: »In der Neuen Welt heißt Mensch-Sein: einsam sein.«

Die Entweihung des Göttlichen und aller Rituale, der durchschlagende Sieg der Vernunft verlangt Opfer. Das Obdach, das Religion und Traditionen dem Menschen einst boten, ist uns nun abhandengekommen. Der Verlust ist beklagenswert, aber nicht mehr aus der Welt zu schaffen – jedenfalls nicht aus der modernen, bürgerlichen Welt. Doch ist er tatsächlich ein Verlust?

Das antike Epos war noch von transzendentaler Fülle durchdrungen. Es gab nur eine – die »abgerundete« – Welt, die den Menschen in eine »urbildliche Heimat« einnistete. Die Zeit der Epen ist vorbei, aber im Roman gibt es Lukács zufolge jedoch eine neue, post-bürgerliche Perspektive: die Hoffnung auf eine »Neue Welt«, die ein »romantischer Antikapitalismus« transzendiert.[2]

Anders Heidegger, im Kern Existenzialist: In der Grundlosigkeit und Unbegreiflichkeit des Seins gab es nie eine

Heimat noch ein Zuhause – und es wird sie auch nie geben. Wenn er in seinem erwähnten Referat von 1951 von »Vergessenheit« spricht, bezieht er sich weder auf episches Eingebettetsein noch auf gutes Wohnen in alten Zeiten. »Wohnen denken« setzt voraus, die »Seinsverlassenheit« nicht zu vergessen. Je mehr Wohnen als etwas Herstellbares – als »Gestell« – gedacht wird, desto fremder wird es uns: »Es ist heilsamer für das Denken, wenn es im Befremdlichen wandert, statt sich im Verständlichen einzurichten.«[3]

Recht auf Unglück

Nun koexistieren unterschiedliche, auch sich widersprechende Sehnsüchte und Ideale – auch solche, die nicht danach streben, Mängel zu beheben. Die Romantiker glauben nicht an den bruchlosen Erfolg der Moderne, im Besonderen nicht an die allein erlösende Wirkung der Vernunft. Im Gegenteil; sie kann in Bevormundung und Repression übergehen und Macht instrumentalisieren. Insofern wehrt sich die romantische Sehnsucht gegen befohlenes Glück und beharrt stattdessen auf dem Recht, unglücklich zu sein.[4]

Die Sehnsucht ist in der Romantik »die radikale Reflexionsform, die auf Differenz und Nicht-Identität besteht«[5]. Es ist ein Bewusstsein, das Unbestimmtheit und Uneindeutigkeit aushält – als die wirkliche Wirklichkeit. Dem gegenüber steht, was Ullrich Schwarz das »Depressionsmodell« nennt. Es ist ein Bewusstsein, das (jenseits von seinen klinischen Abstürzen) »nicht unter einer Übermacht von Normen leidet, sondern gerade unter ihrem Mangel. Dieses Leiden entzündet sich an einer Überfülle von Möglichkeiten, an der Abwesenheit klarer Orientierungen, an Uneindeutigkeit, Ambivalenz und Nichtwissen.«[6]

Da im Depressionsmodell auch das Unglücklichsein uneindeutig ist, sucht die nichtromantische Sehnsucht nach Halt und findet ihn in der großen Erzählung. Deren Spektrum ist offen: heroisch, nostalgisch, religiös, kritisch oder affirmativ. Die Narrative erfüllen die Sehnsucht nach Orientierung – und eben auch nicht. Der schmerzlichen Erfahrung kann niemand entfliehen: »Es gibt etwas, an dem man sich halten kann: den Stachelzaun« (Hans Magnus Enzensberger).

Die romantische Sehnsucht erhellt die Grenzen der Vernunft. Sie stellt den ungebrochenen Glauben an das Machbare und Beherrschbare infrage; das Vernünftige wird gewissermaßen verunreinigt, kommt zu sich selbst und kann sich verweltlichen. Die andere Sehnsucht, die bierernste, verschreibt sich hingegen dem Ideal, das geradlinig und humorlos auf sich selbst beharrt und umso weniger seine Distanz und Naivität überwinden kann.

»Schöner Wohnen« in der Obdachlosigkeit

Lukács kannte unsere aktuell Neue Welt nicht. Es ist ungewiss, ob er unter diesen Voraussetzungen seine »Theorie des Romans« und die Gegenüberstellung mit dem antiken Epos noch aufrechterhalten würde. Jedenfalls hat das Epos sein Verfallsdatum überschritten, wenn es traumbildnerisch das Zuhause entwirft, wo allumfassende Sinnfülle überblickbar in einem heimatlich geschlossenen Erfahrungskreis sich entfalten kann.

In unserer Neuen Welt sind wir mit globalisierten, posttranszendentalen Erfahrungen konfrontiert. Sie kann alte Vorstellungen von Heimat nicht mehr bieten. Auch neue Vorstellungen bleiben darin nicht haften; Heimat entgleitet uns. Selbst als Kitsch ist sie nicht zu haben – auch er hat sich verweltlicht. Das gilt sogar für die selbstironische Variante, den »Camp«, den Susan Sontag noch als Kunstform eingeführt hat. Das Herzblut stockt: »Kitsch ist die Verneinung der Scheiße« (Milan Kundera).

Die stetigen Modernisierungsschübe in der Neuen Welt wecken Sehnsüchte nach der Alten Welt. Die unerbittlich harten Konstruktionen von Stadt, Architektur und Wohnen suchen nach Besänftigung im Alten – wenigstens bildhaft. Sich im ästhetischen Ersatz zu bewegen, kann allerdings schwerer sein, als in Heideggers »Befremdlichem« zu wandern. Mit einem Geist, der aus dem Verlorenen kommt, kann sich die geistige Obdachlosigkeit verschärfen. Eine ungebrochene Verkettung von Mangelbehebung mit dem epischen Ideal verfängt sich in sich selbst und kommt aus dem Bannkreis nicht heraus; die transzendentale Obdachlosigkeit erfindet sich ein transzendentales Obdach. Oder: »Schöner Wohnen« in der Obdachlosigkeit.

Die Verschwörung mit einem Ideal prägt auch die Geschichte der modernen Architektur wie überhaupt die Epoche der »großen Erzählungen«, die im Besonderen auf die Stadt und das Wohnen übertragen wurden. Darin mischen und vermischen sich episch rückwärtsorientierte mit heroisch vorwärtsorientieren Lebensentwürfen. Es wäre allerdings ein Missverständnis, die Kritik an den »großen Erzählungen« als Kritik an der Vernunft zu verstehen – vielmehr ist sie eine Kritik der Kritik. Die klassisch moderne Weltkonstruktion stellt sich selbst infrage. Sie wird nicht ausgeblendet, sondern stellt sich vom Kopf auf die Füße. Dazu hat unter anderem Jean-François Lyotard in den 1970er-Jahren beigetragen. »Das Ende der großen Erzählungen«, wie er die Wende bezeichnet hat, bezieht sich insbesondere auf die »vorsätzlich folgenlosen« Metadiskurse, einschließlich der Kritischen Theorie, die den Diskurs über Macht entpolitisiert hätten.[7]

Ulrich Beck hat in den 1980er-Jahren belegt, dass die ursprünglichen Konditionen der Moderne längst nicht mehr gelten.[8] In seinem Buch *Die Risikogesellschaft* hat er den Begriff der »zweiten Moderne« eingeführt, den Ullrich Schwarz als »selbstreflexive Moderne« präzisiert und dynamisiert hat. Der Übergang von der ersten in die zweite Moderne ist der Abschied von den großen zugunsten der kleinen Erzählungen.

Robert Musil hat dafür eine andere Formel gefunden, die bereits in den 1930er-Jahren eine postheroische Moderne angekündigt hat: Fortschritt durch die Trennung vom Ganzen. Heute, angesichts flottierender Allerweltskrisen, kümmert sich die nächste Moderne um die Einhegung der Utopie – um die Besänftigung der Modernisierungsschübe als Risikoverhinderung und Schadensbegrenzung. Die andere Einsicht der nächsten Moderne (auf die wir noch zurückkommen werden) ist, dass Idealisierungen von *der* Heimat, *dem* Zuhause wie auch *der* schönen Form unverhofft in Repression und Bevormundung übergehen können. Das gut Gemeinte – wie das Ideal, welches das Neue Wohnen verspricht – kann sich als unbewohnbar erweisen.

Sesshaftigkeit und Nomadentum

Man kann Lukács' Metapher von der »transzendentalen Obdachlosigkeit« auch mit Kant und Heidegger deuten: als die »Seinsverlassenheit« (Heidegger), die über die »empirische Erfahrung« hinausgeht (Kant) und eine geistige Verlassenheit und Orientierungslosigkeit erzeugt. Mit dieser Deutungsvariante verbindet sich eine Frage, die abendländische Geschichte geschrieben hat. An welchem Feuer wärmen sich die Obdachlosen? Wo finden sie ihre persönliche Heimat?

Die Antwort, die Jahrtausende überdauert hat, ist von Diogenes Laertios überliefert. Im sechsten Buch seines *Leben und Meinungen berühmter Philosophen* berichtet er, was Diogenes von Sinope (ca. 410–323 v. Chr.) aus dem Fass geraunt haben soll, das er bewohnte: »Ich bin ein Weltbürger – ein *kosmopolites*.« Die Sehnsucht nach heimatlichen Dauerbrennern löst in Diogenes nur den einen Reflex aus: auslöschen! Was einerseits als Verlust beklagt wird, kann andererseits auch als Befreiung von Abhängigkeiten, von der Bindung an einen Ort und an eine Heimat gesehen werden. Es kann also sein, dass die Einbettung in der Heimatlosigkeit besser gelingen kann als das Sicheinrichten in einem Ideal.

Um diese Frage zu beantworten, genügt Diogenes' Weltgeist freilich nicht. Es gibt historische Gründe für geistige Obdachlosigkeit und emotionale Heimatlosigkeit, die nahelegen, sie als Schicksal und als Verlust zu deuten. Existenzphilosophen würden das bestreiten. Wenn bei ihnen von einem Motiv überhaupt die Rede sein kann, ist es ein Dasein ohne Grund. Zivilisationsgeschichtlich äußert sich Sesshaftigkeit als Wunsch, Bedürfnis und Setzung und – vor allem – als Mangel. Sesshaftigkeit vervollständigt die Mängelliste, auf der bereits Bodenhaftung, Ideale und Sehnsüchte aufgeführt sind. Und sie vermengen sich, bis sie untrennbar werden: Wird fehlende Sesshaftigkeit beklagt, so liegt das Ideal von Heimat und Zuhause nahe, das den Mangel beseitigen soll.

Ist der Wunsch nach Sesshaftigkeit und die Klage über ihren Verlust also selbstverständlich, natürlich und angeboren? Massimo Cacciari, Philosoph und ehemaliger Bürgermeister von Venedig, hat Sesshaftigkeit und Nomadentum vor dem Hintergrund der Zivilisationsgeschichte von der Antike bis in die Gegenwart untersucht.[9] Er hat auch historische Überlieferungen überprüft, um unterscheiden zu können, was zivilisatorisches Geschehen ist – in Form von Kultur, Krisen und Fortschritt – und was als menschliche Natur gelten kann.

Cacciari kommt zu einer ähnlichen Einsicht wie Roland Barthes, der aktuellere Fälle in seinem Buch *Mythen des Alltags* dokumentiert hat. Geschichte, so Barthes, wird oft als »Natur« verklärt. Umgekehrt entstehen Bedeutungen von künstlichen Objekten, von Waren und Marken ausschließlich episch – in Form einer Erzählung, einer Vermenschlichung. Deren Deutungen sind allerdings instabil, episodenhaft, launisch und Moden ausgesetzt; alte können durch neue Bedeutungen ersetzt werden.

Auch Sesshaftigkeit ist, so die Bilanz von Cacciari, ein Mythos. Als menschliche Natur gedeutet, widerspricht sie der Zivilisationsgeschichte, die nicht von Sesshaftigkeit, sondern, im Gegenteil, von Nomadentum geprägt ist – seit über zweitausend Jahren. Das Zuhause wird zwar temporär als Schutzburg wahrgenommen, ansonsten aber stiftet es nur Verwirrung, umso mehr es Bodenhaftung als menschliche Natur beschwört.

Was geschieht mit jemanden, der das ganze Leben am selben Ort im selben Haus verbringt und sich ebenso lebenslang vergeblich fragt, was es außerhalb seiner selbst und seines Zuhauses noch gibt? Cacciari stößt in diese Lücke und stellt die »Hütten-Sehnsucht« der Zivilisationsgeschichte gegenüber. Sesshaftigkeit, so Cacciari, lässt sich weder philosophisch noch historisch herleiten, sondern sie wird unterstellt, so, als ob es sich dabei um eine anthropologische Setzung handle: »In Wirklichkeit sind wir eine nomadisierende Zivilisation, die alles erfasst und alles entwurzelt. Das Haus ist dazu bestimmt, ein augenblicklicher, flüchtiger Schutz zu sein.« Das heißt nicht, dass Nomadentum Sesshaftigkeit ausschließt. Beide koexistieren. Aber: Nomadisieren geschieht, während Sesshaftigkeit erdacht ist – als Sehnsucht.

Weit entfernt vom historischen Narrativ, bringt Heidegger weder Sesshaftigkeit noch Nomadentum mit Wohnen in Verbindung. Die Begriffe sind ihm fremd. Er hat eine, wenn man so will, radikale Setzung: Das Dasein ist grundlos, und deshalb gibt es keinen Sinn, das Wohnen zu ergründen. Wohnen ist für Heidegger reine Denkfigur. Hintergründig ist sie, wie Ullrich Schwarz ausgeführt hat, eine Auseinandersetzung mit Metaphysik – mit der Frage, ob der Mensch fähig und tauglich ist, seine Welt zu beherrschen und sich in ihr einzubetten – ob das Wohnen überhaupt planbar und machbar ist.[10] Heidegger verneint. Er sieht im Wohn-Projekt ein metaphysisches Konstrukt, das den Aberglauben voraussetzt, dass der Mensch und seine Vernunft der allumfassende, lenkende Mittelpunkt der Welt seien. Wohnen kann man denken, allenfalls lernen, aber nicht herstellen. Jacques Derrida hat später – in Anlehnung an Heidegger – dafür einen Begriff eingeführt, der die Kritik an der modernen wie auch die Krise abendländischer Metaphysik bezeichnet: »Logozentrismus«.

Mit seiner Setzung, dass die »eigentliche Wohnungsnot« die Heimatlosigkeit sei, kann Heidegger die alte, die klassische Wohnungsfrage nicht einmal tangieren. Er befasst sich mit der anderen Not. Heimatlosigkeit ist existenziell; sie begründet weder das Nomadentum, noch kann Sesshaftigkeit die Not lindern. Auch nicht – was Heidegger unterstellt wird – eine Hütte im Schwarzwald, von der er zwar schwärmt, in der er aber keineswegs ein Modell sieht, die »eigentliche« Not zu beseitigen, die ja nichts mit »Gestellen« und dergleichen zu tun hat. Schließlich gibt es für Heidegger anstelle von Heimat das Nichts. Und wenn er dennoch von »Heimat« spricht, ist sie ein stetiges »Unterwegssein« jenseits von Wollen und Können.

In der »eigentlichen Wohnungsnot« existiert materielle Wohnungsnot nicht. Die Not ist im Sein und kennt auch keine Umkehrung – dass nämlich die Wohnungsnot für die »eigentliche« Heimatlosigkeit stünde. Die »eigentliche Wohnungsnot« hingegen ist unerbittlich in die Welt gesetzt und allenfalls metaphysisch zu besänftigen, was aber für Heidegger ein vollkommen erfolgloses Unterfangen ist.

Entpolitisiert die »geistige Wohnungsnot«, insbesondere Heideggers »Jargon der Eigentlichkeit« (Adorno), die Wohnungsfrage? Ist seine Denkfigur zum Wohnen vorsätzlich folgenlos? Nein. »Wohnen denken« ergibt Sinn, selbst wenn dabei die politische Ökonomie ausgeblendet wird – wenn die geistige von der materiellen Wohnungsnot getrennt wird. »Wohnen denken« kann Grenzen des Machbaren und Beherrschbaren wie auch die Fallen ausloten, in denen Sehnsüchte und Idealisierungen gefangen sind. In anderen Zeiten wird anderes Denken freilich andere Grenzen setzen und andere Möglichkeiten erkennen.

Im 21. Jahrhundert löst sich Bodenhaftung in Clouds auf.

Vom Sofa aus nomadisieren wir in digitalen Wolken; Sesshaftigkeit erscheint uns als Vorstellung wie aus einem ScienceFiction-Roman.

In der zivilisatorischen Geschichtsschreibung gilt das alte Rom als Paradebeispiel für Sesshaftigkeit. Als solches zirkulierte es ewig in den Geschichtsbüchern, bis Massimo Cacciari es als historische Fälschung enthüllt hat. Überliefert ist, dass sich das alte Rom um 300 v. Chr. hermetisch gegen die Außenwelt abgeschottet hat. In Wirklichkeit geschah das Gegenteil: Im römischen Imperium breitete sich ein großräumiges Nomadentum aus. Massen drängten ins Zentrum – nach Rom, was ein enormes Wachstum der Stadt auslöste. Cacciari spricht von einem »Roma mobilis«, wo nicht nur Mobilität, sondern auch Integrations- und Assimilationsstress den Alltag prägten. Es sind dies epochenübergreifende Konflikte des Nomadisierens, die der Gegenwart nicht fremd sind, selbst wenn sie ihren eigenen historischen Kontext haben und sich auf verschiedene Weise manifestieren.

Antonio Negris und Michael Hardts Begriff vom »Empire«[11] nimmt ebenso das alte Rom als Referenz und unterstellt, es habe als bloße »Innenwelt« existiert. Das neue Rom – das »Empire« von heute – sei auf eine digitale Innenwelt geschrumpft, die kein Außen kennt. Das hermetische »Empire« umfasse die ganze Welt und das ganze Leben. Dem Physischen entrückt, könne es mit verschiedenen Subjektformen, flachen Hierarchien und dem vielfältigen Austausch innerhalb der Netzwerke flexibel umgehen. Das hat zur Folge, dass jede Politik obsolet sei, die auf einen Standpunkt außerhalb des »Empire« rekurriere. So werde sich »Multitude« von selbst konstituieren, um das parasitäre Empire abzuwerfen und einen »erneuerten Kommunismus« zu erreichen. Das alles geschehe prozesshaft mit der Durchsetzung dreier Rechte: der Weltbürgerschaft, des sozialen Lohns und der Wiederaneignung. Zusammen mit der »Multitude« werde eine neue Weltordnung erschaffen. »Multitude« ist ein Begriff, der auf Spinoza zurückgeht (*multitudo*), und bezeichnet Vielfalt, Vielheit, Singularitäten, die nun laut Hardt/Negri eine Gegenmacht bilden würden; sie würden alles Schlechte auf der Welt überwinden und den »neuen Menschen« hervorbringen. »Possen«, Piercings und Tätowierungen seien die ersten Vorboten solcher Transformationen und Singularitäten, die vor allem in Netzwerken gemeinsam handeln und Foucaults Paradigma von der »disziplinierten Gesellschaft« unterwandern.

Hardt/Negri haben ihre schwärmerischen Thesen zur digitalen Welt zu Beginn des 21. Jahrhunderts entworfen. Die angekündigte Wende zu einer neuen Utopie ist allerdings nicht eingetroffen. Das hätte vorausgesetzt, dass Netze vorsätzlich revolutionär benutzt werden – nicht als Ausnahme, sondern als Regel. Zwanzig Jahre später erkennen wir, dass die Netzwerke in erster Linie den Plattformkapitalismus geschaffen haben und dass die Plattform des Politischen von einer Identitätspolitik dominiert wird, die weder Utopien noch das große Ganze auf dem Display hat.

Die neue Weltordnung, wie Hardt/Negri sie ersonnen haben, ist bis auf Weiteres nicht in Sicht; auch ihr Entwurf reiht sich in die Kategorie der »großen Erzählungen« ein. Weiterhin koexistieren Innen- mit Außenwelten: Massen wandern nicht nur in den Netzen, sondern auch – wie zur Zeit des römischen Imperiums – in analoge Städte zurück. Und sie tun dies meistens aus Not, da auf dem Land oder in der Agglomeration auch heute kaum Arbeit zu finden und kein sozialer Aufstieg möglich ist.

Hardt/Negri haben die geradlinige Wirkungsgeschichte der Netzwelt auch in anderer Hinsicht überschätzt und falsch eingeschätzt. Mit dem digitalen Nomadisieren öffnet sich eine Lücke, in der sich eine gegenläufige Wahrnehmung ausbreitet: Die Sehnsucht nach Eingebettetsein und nach Ortsverankerung ist nicht einfach verschwunden; möglicherweise wird sie intensiver und zunehmend romantisiert, je mehr sie als bloße Illusion und Fiktion wahrgenommen wird. Zum anderen: Selbst wer schrumpfende Ortsgebundenheit und digitale Weltvergrößerung beklagt, kann sich umgekehrt der Befreiung erfreuen: In der Verweltlichung der eigenen vier Wände verliert die Bedeutungslast innerweltlicher Selbstoptimierung an Gewicht.

Die weltweiten Stadtrückwanderungen sind ein Indiz, dass das Wohnen sich heute eng (und vermutlich in Zukunft zunehmend enger) mit der Außenwelt verbindet – mit der Stadt und mit ihren Angeboten und Möglichkeiten –, was freilich (noch) nicht allen vergönnt ist. Umso mehr kann das Recht auf Wohnen im 21. Jahrhundert vom Recht auf Stadt nicht losgelöst werden.[12]

Wohnen als Beziehungsarbeit

Die schwindende Bedeutungsschwere des Wohnens in der digitalen Welt schließt nicht aus, dass das Zuhause mit großer Inbrunst analog entworfen wird – als eine nach innen gekehrte Heimat. Davon berichten auch die Netzwerke online. Netflix hat für seine 140 Millionen Abonnenten im Frühjahr 2019 einen neuen Streamingdienst eingeführt. Es ist eine Serie, bei der man Menschen beim Putzen und Haushalten zuschaut. Das Drehbuch basiert auf einem Ratgeber mit Anleitungen, wie der Haushalt optimal zu organisieren ist; er ist erstmals in Japan erschienen, wo spärliches Möblieren und sparsames Haushalten seit Jahrhunderten ritualisiert und kultiviert werden.

Aufräumen mit Marie Kondo – auch bekannt unter dem Namen *Magic Cleaning* – befasst sich nicht wie andere Ratgeber mit »schöner Wohnen«, Umbauen oder mit Basteltricks. Es geht ums Ausräumen und Ausmisten in gewöhnlichen Wohnungen mit gewöhnlichen Menschen, und zwar nicht nach einer Hauruckmethode, sondern langsam und behutsam, ständig abwägend und zweifelnd. Was gilt als Müll, was hat wieso einen andauernden Wert? Ist ein Haufen von Gegenständen erst einmal als Müll identifiziert und von innen nach außen befördert, beschwört Kondo das befreiende Gefühl der Entrümpelung. Es sei eigentlich einfach zu erreichen, es müsse bloß die Regel befolgt werden, die Warensammlung aus Möbeln und Accessoires auf das Nötigste zu reduzieren.

Dass die Regel auch Opferbereitschaft voraussetzt, verhehlt Kondo nicht. Doch es würde ihr nie in den Sinn kommen, Konsumverzicht zu predigen. Oder Warenverschleiß zu verurteilen. Auch ästhetische Pädagogik in der Art puristischer Geschmacksrichtungen ist nicht Kondos Anliegen. Dafür gibt es andere Ratgeber, die sich auf den »guten Geschmack« spezialisieren und seit der Nachkriegszeit ähnlich hohe Auflagen erreichen wie Modezeitschriften. Die Innenwelt-Empfehlungen befassen sich nicht mit Aus- und Einräumen, sondern mit dem Dilemma, das mit der Ausbreitung der Massenwohnung entstanden ist: Wie kann die immer gleiche, serielle Wohnung nicht als solche, sondern als etwas Besonderes in Erscheinung treten? Wie kann Massenware kaschiert und stattdessen als Einzigartigkeit präsentiert werden?

Kondo beantwortet solche Fragen nicht. Deshalb hat Netflix auch ein ergänzendes Streaming aufgeschaltet, das die Gentrifizierung der Innenwelt aktualisiert. Im Vergleich zu den 1950er- und 60er-Jahren wird die Massenwohnung nun weniger mit dekorativen Verhübschungen und Frivolitäten angereichert; es geht um eine Entrümpelung – aber nicht wie bei Kondo um die gewöhnliche, sondern um die stilistische. Die Klientel ist der gehobene Mittelstand, der nach dem *Radical Chic* in den eigenen vier Wänden strebt. Seit Jahrzehnten ist »Reduktion« *en vogue*, die ihre Referenzen aus einer Kunstrichtung der 1960er-Jahre bezieht – nicht gedanklich, sondern bildhaft. Durch den Stream strömt *Minimalism* von Richard Serra und Donald Judd als Schreinerarbeit. Der Stil wird zelebriert und gepredigt – nicht wie bei Kondo als lebenspraktische, sondern als ästhetische Errungenschaft: *Reduce to the max.*[13] Demgegenüber steht eine räumliche Maximierung. Der Wohnraum kann nicht zu groß sein, auch die Küche und der Esstisch nicht, so, als ob jeden Tag zu Hause eine Kunstvernissage stattfände. Der Verschleiß durch Größe ist das aktuelle Statussymbol ästhetischer Reduktion, in deren räumlicher Leere Gäste imaginär präsent sind.

Jenseits von Lifestyle und geschmäcklerischem Abtasten legt Marie Kondo in ihrer Sendung mit weit höheren Einschaltquoten selbst Hand an; sie zeigt, wie man einen Schal faltet, was wie entsorgt oder versorgt wird, wie Ordnung in Schubladen, Schränke und Garagen kommt. Über einen Frühlingsputz hinaus führt Kondo ein Vollprogramm der Dekontaminierung durch, die alles – auch Familienfotos – einschließt. Die Dramaturgie dreht sich um das finale Urteil über jeden einzelnen Gegenstand. Was landet auf dem Müll oder – neu geordnet – in der Schublade?

Die langweilige Fleißarbeit verrichtet Kondo konzentriert, fast sprachlos. Nur wenn Zweifel an der Entscheidung – Müll oder Schublade? – aufkommen, streut sie den immer gleichen Kommentar ein, der den emotional gefüllten Zwiespalt von Verlust und Befreiung zu schließen scheint: Behalte bloß Dinge, die Glücksgefühle auslösen – »*to spark joy*«!

Wenn auch das Motto unterkomplex scheint – die Frage nach dem Verhältnis zwischen Menschen und Dingen, die Kondo aufwirft, steht im Raum; sie hat die Philosophie seit Jahrhunderten beschäftigt: Können wir Objekte beherrschen, oder beherrschen sie uns? Oder hat der Kapitalismus ohnehin jedes Objekt in ein Tauschobjekt verwandelt und es zu Geld gemacht? Entfremden wir uns von den Objekten, so wie wir dem Warenfetisch verfallen sind? Und fallen schließlich auch Seelen und Gefühle der Verdinglichung zum Opfer?

In der Hausordnung entzündet sich nicht nur die Frage nach der Ordnung der Dinge, sondern ständig auch die nach der Ordnung in der Beziehung.[14] Die Beziehung steht und fällt mit dem Haushalten, egal, welche aller möglichen »Beziehungen« auch gemeint sind. Kondo zelebriert praktische Dialektik. Die alltägliche Mühsal vom ständigen Ein-Räumen durch Aus-Räumen ist nur erträglich, wenn das Glücksversprechen durch die gute Ordnung nicht bloß für den Haushalt gilt, sondern für die gute Beziehung. Das heißt: Selbst wenn das Aufräumen wirkungslos wäre, ist es wirkungsvolle Beziehungstherapie.

Die gute Hausordnung, die heilen und befreien soll, ist ein weiteres unerreichbares Ideal. Es folgt der sehnsüchtigen Vorstellung, dass »jedes Beziehungsproblem [...] einvernehmlich mit gutem Willen und der guten Idee für die ideale Schubladenordnung gelöst werden« könne.[15] Das Versprechen besteht als solches fortwährend, da es nie vollständig eingelöst werden kann.

Für Kondo ist der Kurzschluss »perfekte Hausordnung = gute Beziehung« selbstverständlich. In der Geschichte des Wohnens ist er das keineswegs. Die »Beziehung« – sei es als Liebes- oder anderes Verhältnis – wurde gerade nicht ans kleinfamiliäre Haushalten gebunden, sondern, wenn immer möglich, davon getrennt. Große Familienverbände in der Antike, in den genossenschaftlichen Adelsgesellschaften im 18. und 19. Jahrhundert, der Bourgeoisie im 19. und 20. Jahrhundert – inklusive alle alten und neueren kollektiven Wohnformen – haben haushälterische Intimität gemieden. Diese wurde stattdessen sozialisiert. Gesinde spazierte durch korridorlose Schlafzimmer der Herrschaften, Gäste und deren Geselligkeit waren in offenen Häusern willkommen, die Salonöffentlichkeit in der Beletage gehörte zum urbanen Alltag des Bourgeois, die Pariser Passagen waren der proletarische Schmelztiegel und die große Bühne für Maskeraden. Wohnen und Arbeit waren in Handwerks- und Landwirtschaftsbetrieben vermischt. In neuerer Zeit sind Innen-außen-Grenzen in hotelähnlichen Servicehäusern, im Cluster-, Hallen- oder Lounge-Wohnen teilweise oder ganz aufgelöst. Die wachsenden Milieus von Urbaniten, Bildungs- und Berufswanderern bewohnen mehr die Stadt als die eigenen vier Wände. Diesen Lebensformen wie auch dem demografischen Wandel entspricht eine verstärkte Interaktion von Stadt und Wohnen. Dabei verschwindet das »Familiäre« nicht zwangsläufig, sondern strukturiert sich als Quasifamilienverband neu und verlagert sich von innen nach außen.

Das bedeutet nicht, dass weniger privatisierte Wohnformen das Ideal darstellten, dass sie konfliktärmer wären oder Einsamkeit aus der Welt schafften. Sie entlasten jedoch die Bedeutungsschwere einer hermetisch nach innen gekehrten Heimat, wo die Privatheit einem Ideal geschuldet ist. Einem Ideal, dessen Kehrseite die unheimlichen Abgründe des privaten Raumes offenbaren.[16]

Binnenräumliche Disziplinierung

Marquis de Sade hat Liebes- nicht mit Haushaltsverhältnissen verwechselt. Die Verwechslung ist auch historisch gesehen nur eine Episode. Die kleinfamiliäre Hermetik ist inzwischen – beziehungsweise wieder – ein Minderheitsprogramm, mit dem Kondo aber immer noch phänomenale Einschaltquoten einfährt, obwohl – oder weil – sie Selbstverwirklichung zum moralischen Stigma und Code erhebt: Wer das Glück nicht über das Wohnen erreicht, hat auch in der Liebe versagt.

Richard Sennetts Befund über den «flexiblen Menschen» bezieht sich im Kern (wie auch der Buchtitel des amerikanischen Originals) auf die »Korrosion der Persönlichkeit« und die »persönlichen Konsequenzen der Arbeit im Zeitalter des neuen Kapitalismus«. Die Vermarktung und Kommerzialisierung habe die Seele und schier alle Lebensbereiche erfasst. Die allgegenwärtige Verdinglichung in den letzten Jahrzehnten korreliere mit einem unternehmerischen Ich, das zum neoliberalen Leistungssubjekt mutiert. Es glaubt, dass mit der Performance privater Investitionen in Glück und Unglücksvermeidung sich auch die Intimsphäre anreichere.

Das börsenorientierte Glückseligkeitsversprechen gehört zu einer quasi seelenbetriebsökonomischen Idealisierung. Von ihr bleibt nicht nur eine enttäuschte Sehnsucht übrig, sondern auch eine verkümmerte Außenwelt: In der inner-weltlichen Eingrenzung, in der Beziehungs- und Haushalts-arbeit verschmelzen, ist das Ich wie das Wohnen entpoliti-siert.

So viel binnenräumliche Disziplinierung kann schließlich auch als Gefängnis empfunden werden. Der befreiende Aus-bruch ist – neben den demografischen Gründen – ein weite-res Motiv, wieso das Wohnen heterogener, vielfältiger wird. In Flauberts gleichnamigem Roman hat Madame Bovary einen anderen Anlass gefunden, um dem innenweltlichen Gefängnis zu entfliehen; sie hielt ihren Haushalt in der Manier von Marie Kondo in bester Ordnung, um dann ihre Intimität in der Unordnung der Außenwelt finden. Dem auf-geräumten Hort für Beziehungstherapien, wo Wohnen als unabwendbares, eigenes Schicksal entpolitisiert wird, steht ein Spielfeld gegenüber, auf dem fast alles möglich ist, auch Unbekanntes. Es ist kein Geschenk, sondern ein Raum in Erwartung, der erobert sein will.

Stil und Pädagogik

»Die Wohnung ist kein Trödelladen und kein Museum [...]. Eine Hausfrau, die das begriffen hat, wird das Überflüssige erbarmungslos wegbringen und nach der Generalinventur alles dem Lumpenhändler weggeben. [...] Von den Fenstern wird alles bis auf den eigentlich nötigen Vorhang weggenom-men – Kissen, Nippes, Bildchen, Haussegen – alles dies geht den Weg des Iridischen [...], auch Vorleger, Teppiche, Brief-schaften und Bücher.«[17]

Marie Kondo wäre dieser lehrerhafte Ton fremd. Dennoch könnte sie der Entrümpelungsstrategie wohl zustimmen, die vor fast hundert Jahren Bruno Taut, ein Experte und Hauptvertreter der modernen Architektur, verfasst hat. Von ihm stammt das Manifest *Die Neue Wohnung. Die Frau als Schöpferin* (1924). Es ist eine pädagogische Programmschrift. Voll von handfesten Anleitungen, wie das Neue Wohnen bewerkstelligt werden kann, dient es auch der Propaganda in eigener Sache. Mit dem Manifest für ein progressives Leben erhoffte sich Taut auch Aufträge für den modernen Siedlungsbau (unter anderem hat Bruno Taut die Hufeisen-Siedlung in Berlin entworfen, die heute unter Denkmalschutz steht).

In der »Neuen Wohnung« wird alles neu – »außer vielleicht das Bad, das Klosett und allenfalls auch die Küche, die die einzigen guten Räume sind, in denen der Mensch nicht ständig von Gegenständen und Firlefanz abgesaugt und in Anspruch genommen wird«. Wie für die Avantgarde im Allgemeinen ist auch für Taut »der Japaner« das Vorbild: »Er beschränkt sich aufs Äußerste, so dass der schlichte, leere Raum frei bleibt und das Leben in Sauberkeit und Klarheit verlaufen kann.«

Der Architekt Taut beschränkt sein Programm nicht auf Entrümpelungen. Er will »auch die Auswüchse vom Schreiner absägen – man wird erstaunt sein, wie glatte, saubere Möbel man herausbekommt«. Taut verfolgt eine Doppelstrategie: zum einen Kondos maximales Ausräumen; zum anderen minimales Einräumen, das der Funktion folgt.

Taut schwebt mit der ästhetischen Reinigung nicht nur ein idealer Haushalt vor. Es geht auch um ein metaphysisches Überideal: Von allem Alten und allem Gerümpel befreit, erscheint am Horizont die saubere, in Reinweiß getünchte Zukunft; die neue Haushaltsordnung schafft auch eine neue Weltordnung.

Unsere Zeitgenossin Kondo verfolgt kleinere Ziele. Das große Ideal schrumpft auf das Ideal der Selbstverwirklichung; der guten Haushaltsordnung folgt nicht die gute Weltordnung, sondern die gute Beziehung.

Nun stößt erstaunlicherweise die richtige Haushaltsordnung auf die gleichen Widerstände wie der große Wurf für die Neue Wohnung. Taut stellte vor neunzig Jahren fest, dass in dem Raum, in dem sich das Wohnen abspielt, ein Machtkampf herrscht: »Der Fetischismus mit den Gegenständen ist der Aberglaube vor ihrer Vernichtung und gibt ihnen Macht und Herrschaft; er unterwirft sich der Tyrannei des Leblosen, anstatt in seinem Gehäuse selber der unanfechtbare Herrscher zu sein.«

Den Widerstreit zwischen Aneignung und Enteignung in den eigenen vier Wänden kann auch die Avantgarde nicht schlichten. Taut war zwar nicht abgeneigt, an die moderne Architektur als eine allein heilende Kraft zu glauben. Ihm entging aber nicht, was sein Zeitgenosse Ludwig Neundörfer als Dilemma beschrieb: »Der Hausrat kann zerstören, was der Architekt an Gutem geschaffen hat.«[18]

Zwischen alltäglicher Aneignung und geplanter Architektur – eingeschlossen alle gutgemeinten Absichten – klafft eine große Lücke. Sie kann auch alte von neuen Welten trennen. Jedenfalls zeigt der Plan im Gebrauch, was sich ihm nicht fügt.

Um diese Lücke prophylaktisch zu schließen, sucht die Avantgarde Verbündete mit Kampfgeist: Die Moderne ist kein Geschenk; sie muss gegen alles Alte und gegen »reaktionäre Widerstände« erobert werden. Wer bringt den Mut auf?, fragt Taut und beantwortet die Frage gleich selbst: Es ist »die Frau als Schöpferin«, der er es zutraut, im »Kampf gegen Auswüchse« zu bestehen. Das ist ernst gemeint und zugleich reine Rhetorik, auf die der Imperativ folgt: »Der Architekt denkt. Die Frau lenkt!« Das politisch unkorrekte Schlusswort in Tauts Manifest ist auch seine Selbstbestätigung des Meisterarchitekts, der sich als Kooperation tarnt.

Die Kluft, die sich zwischen dem großen Wurf und seiner Aneignung auftut, kann durch pädagogische Überschüsse noch vertieft werden. Das musste auch Taut erfahren. Die Rolle, die er sich für die Frauen ausdachte, unterstellte ein geteiltes Ideal: Die »progressive Wohnung«, die sich von selbst als Gegenfigur zur Spießerwohnung versteht, dient Höherem; sie soll den »neuen Menschen« spiegeln und – darüber hinaus – schaffen. Das war und ist des Guten zu viel. Es kippt in Bevormundung, der die Gefolgschaft fehlt.

Tauts Aufforderung, alles Schmückende und Nutzlose aus der Neuen Wohnung zu schmeißen, offenbart schließlich die Falle, in die die heroische Moderne tappt: Was der Avantgarde als Abfall erscheint, ist begehrt. Die ästhetische Moral findet weder Wohnraum noch Bodennähe in der »hässlichen Welt«.[19]

»Die Zelle«

Der Massenwohnungsbau ist so alt wie die Kritik an ihm, die bis heute folgenlos geblieben ist. In Designerkreisen ist der Einwand verbreitet, dass die Massenware von gestern und die von heute unvergleichbar seien. Massenware habe mit der Wende von der Moderne zur Postmoderne eine Aufwertung erfahren. Selbst wenn ein solcher Unterschied besteht, so ist es nicht mehr als der zwischen einer angemalten und einer nicht angemalten Leiche (John Hejduk).[20]

Der Massenwohnungsbau ist ohnehin keine Erfindung von Architekten und Designern. Seine gigantische Ausbreitung wurde durch den Produktionssprung in die Serie ausgelöst, was im Fordismus das Interesse für ökonomisches Wachstum und Konsumsteigerung bedient hat. Dennoch würde es zu kurz greifen, im Massenwohnungsbau wie in der Ökonomisierung der Architektur bloß eine Geldmaschine zu sehen.

In diesem Zusammenhang ist Le Corbusier aufschlussreich. Er war innerhalb der Avantgarde ein Gegenpart zu Taut und zur gesamten Berliner Szene. Le Corbusier hat seine eigene Vorstellung von der Neuen Welt. Im modernen Massenwohnungsbau sah er nicht bloß einen Fortschritt, sondern einen Fortschrittssprung – vom handwerklichen Hüttenbau zur perfekten »Wohnmaschine«, vergleichbar dem Umsteigen von der Kutsche ins Auto.

Jenseits von modernen Haushalten und Maschinen suchte Le Corbusier nach einem Überideal für die Wohnung – und fand es: »die Zelle«.[21] Das Vorbild war das Kartäuserkloster in Galluzzo bei Florenz, das Le Corbusier tief beeindruckt hat. Und nicht nur das Bauwerk. Im Kloster ist die Rolle der Frau nicht bloß eine andere als diejenige, die sich Taut ausgedacht hat – es gibt sie gar nicht. Die Frau verschwindet aus der Männerwelt. Die Zelle schützt den Mann vor »den zwei großen Gefahren: der Frau und der Stadt«[22].

Im Kontrast zum zivilisationsgeschichtlichen Motiv hat Le Corbusier den Massenwohnungsbau mit »Maschinenästhetik« und »Dampfermotiven« aufgeladen und als Ikon im Kreis der Avantgarden etabliert. Mit der Stapelung von Immergleichem mit 226 Zentimetern Raumhöhe war Le Corbusier überzeugt, auch einen Beitrag zur Lösung der

Wohnungsnot zu leisten. Das war allenfalls ein visionäres Versprechen. Le Corbusiers exklusive Versionen setzten sich formal und bauökonomisch von der üblichen Massenproduktion ab. Das galt auch für Ghettos am Stadtrand, die in urbane Inseln für den gehobenen Mittelstand transformiert wurden – wie in der »La Cité du Lignon«, die sich westlich von Genf als das »längste Wohnhaus der Schweiz« entlang der Rhoneschleife schlängelt. Die Großsiedlung aus den 1960er-Jahren wurde von 10000 auf 5700 Mieter gentrifiziert.

Der gemeine Massenwohnungsbau hingegen ist eine Stadt ohne Stadt im peripheren Nichts. Er war und ist maßgebend dafür, wie und in welchem Ausmaß die Städte an ihren Rändern wachsen – autogerecht und mit der Verbannung von Niedriglohnwohnen an den Stadtrand oder in die Agglomeration – seit siebzig Jahren. Dieses Wachstum hat sich zusehends als Bauwirtschaftsfunktionalismus instrumentalisiert und brutalisiert.

Wieso kann sich der Massenwohnungsbau widerstandslos ausbreiten, obwohl er ein Albtraum ist und allen erträumten Idealen vom »eigenen Heim« und der »alten Heimat« widerspricht? Hat der Massenwohnungsbau selbst diese Ideale erzwungen, um ihnen entfliehen zu können? Ist er bloßer Zufluchtsort für diejenigen, die sich das Ideal nicht leisten können?

Es gibt auch eine Antwort, die weder traumatisch noch ökonomisch argumentiert, sondern an die christliche Doppelmoral anknüpft: Sie verlangt nach Fleiß, Sparsamkeit und Enthaltsamkeit, die sowohl göttlich als auch kapitalistisch abgesegnet werden.[23] Dieser »doppelt prädestinierte« Code (Max Weber) kann über andere Phänomene hinaus eine bauliche und lebenspraktische Form erreichen: Der Massenwohnungsbau ist das profane Gegenbild zur Kathedrale und zugleich ihr Spiegelbild. In der verweltlichten Zelle wird Enthaltsamkeit zwar nicht gepredigt, aber gelebt und ausgehalten. Das himmlische Nichts verlangt Entbehrung und Verzicht. Dem entspricht das trostlose Alltagsszenario der gebauten Masse in einer unendlichen Abfolge immer gleicher Zellen – ohne Stadt und ohne Frau –, »wo das Öffentliche auf eine Anlieferungsstrecke zurückgeschraubt ist: Das ist die Wohnmaschine und das Ende jeder Versuchung.«[24]

Mit dem Massenwohnungsbau wird ein geistiges Erbe mit seiner Doppelbedeutung überliefert: Zelle und Wohnort. Auch diese Erbschaft wird nicht zwangsläufig verewigt. Der gleiche Bautyp (und das gilt nicht nur für den Massenwohnungsbau) kann und wird im Laufe der Zeit anders gedeutet, als überliefert oder vorgedacht. Das bezeugen unter anderem viele Plattenbauten im ehemaligen Ostberlin, die ohne große bauliche Veränderungen nun wild und urbanisiert bewohnt werden. Die andere Umdeutung geschieht seit Jahrzehnten unter dem anhaltenden Stadtrückwanderungsdruck: Der Massenwohnungsbau steht am falschen Ort. Mit der Aufhebung des Stadt-Land-Gegensatzes – und in der sogenannten Wissensgesellschaft – wachsen das Selbstverständnis und der Anspruch auf einen urbanen Alltag. Ein Dasein in Anlieferungsstraßen und Abstandsgrün ist provinzieller geworden, als die Provinz es je war.

Wohnen und Freiheit

Es gibt eine andere – innerarchitektonische – Kritik an der Neuen Wohnung. Sie bezieht sich auf die Ökonomisierung der Architektur und die Deutung der Wohnung, die Arbeitsabläufe optimiert und perfektioniert. Ein legendäres Beispiel ist die »Frankfurter Küche« von 1926, die flächenreduzierend erlaubt, sich um die eigene Achse drehend zu kochen, und als Urtyp der modernen Einbauküche gilt.[25]

Der Wiener Josef Frank war ein Querdenker und – rückblickend – moderner als die Avantgarde: Die Maschine wie der Fortschritt, meinte Frank, seien Mittel und nicht Zweck. Die funktionalistische Moderne erhebe jedoch die Mittel zum Zweck und verliere den eigentlichen Zweck aus den Augen.[26] Die Arbeit sei nicht Sinn des Lebens, und die fabrikmäßige Organisation des Lebens erst recht nicht. Das Bauhaus und sein ästhetisches Programm stehen, so Frank, für vollkommene »Leblosigkeit«. Es könne zwar praktisch und durchaus reizvoll in Erscheinung treten. Von Sachlichkeit aber könne keine Rede sein: Ornamentlosigkeit wird selbst zum Ornament, Stahl wird zur Weltanschauung, Zweck und Sparsamkeit sind bloß vorgetäuscht; sie sind nicht sozial, sondern nur formal definiert. Das Ideal »Maschine« verkörpert das moderne Dampfschiff, das als Bildvorlage dient: Bullauge, Reling, Fensterbänder. Die Orientierung an Funktionen und Technik, die darüber hinaus auch zur Kunst erhoben werde, führe in die Sackgasse. Oder kurz: Wenn schon sachlich, dann noch sachlicher.

»Wo beginnt Architektur?«, fragt Frank. »Sie beginnt dort, wo die Maschine aufhört.« Das Leben ist weder rational und schon gar nicht rationalisierbar wie ein serieller Produktionsablauf. »Die Wohnung ist das absolute Gegenteil der

Arbeitsstätte.« Sie widerspricht Festlegungen, Vordeutungen, Regeln und einem Kunstwerk: »Modernes Wohnen ist nur, was uns vollkommene Freiheit gibt.«[27]

Der »biologische Funktionalismus« war innerhalb der modernen Klassik der Höhepunkt ultimativer Zweckrationalität, den u. a. Hannes Meyer am Bauhaus dozierte. Meyer verstand sich selbst als radikalen Marxist. Seine Vorstellungen von Architektur folgen einem Menschenbild, das Marx gerade überwinden wollte: das »menschliche Arbeitstier«, das nach der Arbeit auch zu Hause nur an Zeitersparnis und an Rekreation denkt, um für den nächsten Arbeitstag fit zu sein.

Die Anpassung an die Maschine als Architekturprogramm ist ein Missverständnis der linken Avantgarde: Die Befreiung wird zur Selbstdisziplinierung, und der »biologische Funktionalismus« ist in Wahrheit ein verschärfter Raubzug gegen die Freiheit.

Die linke Utopie der Moderne beginnt *nach* der Arbeit, wie das Reich der Freiheit *nach* dem Reich der Notwendigkeiten beginnt – wenn Notwendigkeiten nicht mehr als Not existieren. Wenn »erzwungene Arbeit« nicht mehr rationalisiert wird, sondern abgeschafft ist.[28]

Frank, im Reich der Alltagsutopie angekommen, hat einen anderen Gedanken, als Arbeit mit Freiheit einzutauschen: »Akzidentismus« ersetzt Funktion. »Wo man sich wohl fühlt, spielt der Zufall mit« – eingeschlossen Sentimentales und Kitsch: »Wenn der Mensch vom Kitsch so entzückt ist, so ist das zumindest echte Empfindung [...], und diese soll in eine bedeutungsvolle Form gebracht werden.«[29]

Der späte Wittgenstein hat den Handlungs- und Erfahrungsraum mit »Sprachspielen« verglichen. Das Spiel kann man als integratives Projekt verstehen, das der Einsicht folgt: Nicht materielle Präsenz bringt Architektur zum Sprechen, sondern deren Abwesenheit. Oder, zugespitzt: Architektur ist unsichtbar und wird erst im Gebrauch sichtbar.

Franks anarchistische Deutung des Wohnens brauchte keine große, sondern eine kleine Revolution im Alltag, die in den letzten Jahrzehnten eingetreten ist – ohne Architektur und ohne die Architekten, sondern aus den erwähnten demografischen und anderen Gründen. Wohnen folgt heute keiner Funktion; es ist decodiert, postfunktional, vielfältig, zufällig. Wird dieses Unberechenbare in einen vorgedeuteten Plan eingeengt und wird die Freiheit von ästhetischen Vorurteilen und funktionaler Bevormundung unterdrückt, entsteht eine repressive Form, die in Gestaltungsterror übergehen kann.

Wohnen ist zu kompliziert, um wahr zu sein

Die aktuellen *conditions modernes* vermischen neue mit alten Fragen. Rückblickend ist die »Ur-Hütte« als Sinnbild für Sesshaftigkeit neu. In der griechischen Antike ist das Schiff das Haus. Es ist die Metapher für das Verkehrsmittel, das das Fortschreiten erlaubt: »der Weg ins Offene«. Dem Haus ist kein Verbleib zugedacht; es ist Zwischenstation und mehr Medium als Gegenstand. Ihm ist Bewegung eingeschrieben – von innen nach außen und wieder zurück. Oder um die äußere Grenze der Stadt zu überschreiten, um sie wachsen zu lassen.

Das Schiff hat zweitausend Jahre später die gleiche und zugleich eine andere Bedeutung. Im sowohl analogen als auch virtuellen Raum zirkulieren nicht bloß Verkehr und

Passanten, sondern auch Informationen, Unsichtbares, Immaterielles – alles durchdringt alles und fließt. Der spezifische Ort – der *genius loci* – ist im unendlichen Netzwerk aufgesogen, das Produktion, Tausch, Kommunikation, Wissen und Ereignisse miteinander verbindet.

Die *conditions modernes* schaffen einen psychologischen Raum, der sich jeder Lesbarkeit entzieht. Die Zuordnungen von Zeichen und Bedeutungen lösen sich auf. Deutungsarbeit in der Bilder- und Informationsflut ist ein hoffnungslos zum Scheitern verurteiltes Unterfangen.

Der Alltag ist halluzinatorisch. In diesem psychologischen Raum vermischen sich drei Wahrnehmungen: Imagination, Symbolik und Realität. Diese, so der Psychoanalytiker Jacques Lacan, koexistieren, aber sie harmonieren nicht. Die Differenz zwischen Vorstellung und Realität ist eine ständige Herausforderung, die mehr oder weniger ausbalanciert wird oder in neurotische Zustände führen kann.

Jean-Luc Godard hat in seinem Film *Zwei oder drei Dinge, die ich von ihr weiß* den psychologischen Raum in einem trostlosen Pariser Vorort untersucht.[30] Der Film illustriert eine beobachtende Erforschung von Bildern und deren Bedeutungen – wie sie inflationär auftauchen und zugleich verschwinden. Der Raum wird unlesbar, verliert dadurch seine Symbolik und schließlich auch seine Macht.

Mit diesen Seh-Bedingungen ist der »Zufall« nicht mehr ein Befreiungsschlag gegen alles Normierte, wie ihn Frank noch beschrieben hat. Nun existiert der Zufall als »zweite Natur«. Sie kennt und repräsentiert keine anschaulichen Zusammenhänge; Übersichtlichkeit und Gestaltungsideale sind ihr fremd. Von materiellen Bedingungen und semiotischen Eindeutigkeiten weitgehend befreit, prägen Überformungen und schleifende Übergänge zwischen verschiedenen Zeichensystemen, Zeiten, Spielregeln und Medien unsere Wahrnehmung. Die wirkliche Wirklichkeit ist deren Unlesbarkeit und Vieldeutigkeit.

Auch die globale Hyperkultur ist postsemiotisch und hybrid. Das hat auch die Warenästhetik verändert. Die Massenproduktion hat sich eine globale Identitätsindustrie integriert. Sie erweitert das Seelengeschäft mit Labels und Brands. Die identitätsindustriellen Waren sind weder an Zeit noch an Orte oder Geschichte gebunden; sie werfen nicht mehr Liebesblicke, die zum Kaufen verführen (Karl Marx); sie werfen nun den Blick zurück, auf jeden Einzelnen: Ich Prada, Du Armani, Es Comme des Garçons.

Wenn Identitäten käuflich werden, sind sie auch austauschbar. Darin sieht auch die Identitätsindustrie selbst ihre Schwäche: Es mangelt ihr am Authentischen, am Echten. Aus diesem Manko haben Identitätsdesigner ein quasi innerkritisches Marktsegment kreiert und damit das Gesamtangebot erweitert. Sie suchen nach dem identitätsstiftenden Objekt. Mit Vorliebe wird es existenzphilosophisch begründet – rhetorisch mit Heidegger und inhaltlich gegen Heidegger. Sein verschlüsselter, vermeintlich vieldeutiger Jargon scheint prädestiniert, ihn mit eigenen Deutungen und Bedeutungen aufzuladen. So ist zum Beispiel von einer »strukturellen Poetik« die Rede, welche die Gegenständlichkeit rettet. Die Sinnlichkeit wird mit »tektonischen Mitteln« reaktiviert. Den Tastsinn weckende Dinge sollen mit unmissverständlicher Authentizität subjektive Nähe fördern – alles in Opposition zu Verschleierungen, zum Uneindeutigen, Szenografischen und Ungegenständlichen.[31]

Die »Erretter der Dinge« meinen mit Heidegger zu sprechen, wenn sie von der »Wirklichkeit der Konstruktion und Materialien wie Stein, Tuch, Stahl, Leder...« sprechen (Peter

Zumthor). Heidegger selbst hat in solchen Materialien nur die platte Form vom »Zeug« gesehen. Und darüber hinaus: Die Verdinglichung der Dinge bewirke das Gegenteil. Das Verfügbarmachen steigere die »Seinsverlassenheit: Die technische Produktion ist die Organisation des Abschieds vom Wesen des Wohnens.«

Wo Digitales, Künstliches und Uneindeutiges hinausbefördert und Authentisches herangewälzt werden, entstehen eben nicht Dinge jenseits der Dinge und auch nicht das Ding selbst, so wenig wie das »Echte« automatisch globale Kulturkritik ist. Der Kurzschluss ist für Existenzphilosophen ein Missverständnis und für das breite Publikum allenfalls ein Freizeitspaß. Egal, welche Designgegenwelten produziert werden – es gibt kein Entrinnen: Die Dinge folgen keiner höheren Bedeutung, so wie das Haar und der Schlamm keiner Idee folgen.

Wohnparadiese in der Manier von »Kleinvenedig« in Solothurn, protestantische »Hell Towns« am kalifornischen Pazifikstrand oder das »Neue Bauhaus« in der DDR verwenden ebenfalls die ort- und zeitlose Technik des Verfügbarmachens. Doch das Geschäft mit »authentischen« Dörfern und privatpolizeilich geschützten *gated communities* läuft keineswegs rund, mit oder ohne Heidegger-Jargon. Sozial und ästhetisch homogenisierte Siedlungen gelten inzwischen selbst unter ihren Erfindern als langweiliges, redundantes Auslaufmodell. Suggestive Gegenwelten vermitteln weder Erfahrung noch Erinnerung. Das Reine und Echte, das Schöne und Erhabene ist ein Kanon, der sich mit zunehmender Beschleunigung kontaminiert und verschleißt.

Beziehungen zwischen Erscheinung und Realität, zwischen Bild und Körper, zwischen Materiellem und Immateriellem, zwischen Form und Machart sind längst verschwommen. So drängt sich die Frage auf, ob es eine attraktivere Antwort auf das irreversible Auseinanderdriften von Ort, Raum und Zeit gibt, als Ersatzprojektionen herzustellen.

Befreiung vom Ort und vom Ideal

Zuerst hat sich die naturwüchsige Bindung von Ort und Kultur gelockert, dann die Bindung von Ort und Zeit und schließlich auch die Bindung von Ort und Geschichte. Lokale Kulturen vermischen sich seither mit der globalen Hyperkultur – materiell und medial. Überschaubare Lebensläufe, wo alles an einem Ort geschieht, gibt es nicht mehr (und hat es in reiner Form wohl auch nie gegeben).

Heimat, Authentizität, Stabilität, Einheit oder kosmische Ordnungen sind nur als Simulation, als metaphysische Konstruktion zu haben. Auch wenn die Auflösung von Zugehörigkeiten und Ortsbindung als Verlust wahrgenommen wird – eine Gleichsetzung mit »Zerstörung« wäre ein Kurzschluss. Denn die ursprünglichen Abhängigkeiten – egal, ob sie tatsächlich oder nur im Kopf existiert haben – werden auch überwunden. Der Befreiungsschlag führt allerdings nicht in ein neues Ideal des Seins, sondern in Ambivalenzen.

Aus diesem Zusammenhang lässt Lukács' »transzendentale Obdachlosigkeit« eine erweiterte Dimension erkennen. Weder ist ein Verlust beklagenswert, noch ist ein Ersatz wünschenswert – der Abschied vom geistigen und religiösen Obdach ist »eine Befreiung vom Terror des Ortes: Um uns zu Hause zu fühlen, akzeptieren wir unsere Heimatlosigkeit.«[32]

Die Trennung von Ort, Kultur, Zeit ist eine Folge der Gleichzeitigkeit von physischen, medialen und virtuellen

Wirklichkeiten. Die Uneindeutigkeiten und Ambivalenzen, die dabei unvermeidbar entstehen, können belastend sein, selbst wenn sie befreiend wirken. Unabhängig davon haben sie den Vorteil, dass vieles, auch das Wohnen, an Schwere und Bedeutungslast verliert. Wo fast alles vieldeutig und unbestimmt ist, gibt es auch neue Möglichkeiten.

Die von Buckminster Fuller 1929 entworfenen »Domes« (auch geodätischen Kuppeln genannt) waren ein frühes Experiment mit der Überlagerung von physischen, medialen und virtuellen Wirklichkeiten, die damals nur als Fiktion vorstellbar waren. Wie die Fiktion zur Realität wurde, demonstrierte 1987 eine Ausstellung in der City Gallery in New York auf anschauliche Weise. Robertson und McAnulty installierten den »Room in the City« mit einem Fernseher, der immer dasselbe Motiv einer Straße in New York zeigte: Vom Sofa aus schaut man mit den Augen des Fußgängers auf das Spektakel in der Stadt. Das »Fenster« könnte auch im urbanen Raum stehen, wo das Private öffentlich wird. Öffentlichkeit und Privatheit flottieren. Niemand weiß mit Sicherheit, ob sie tatsächlich getrennt voneinander existieren, ob man sich in einer medialen oder physischen Wirklichkeit bewegt.

Die Etui-Metapher, die Walter Benjamin für das Wohninterieur des 19. Jahrhunderts verwendet hat, bezeichnete noch die hermetische Abgeschlossenheit des Privatraums gegenüber der Außenwelt. Sie ist nun jederzeit abrufbar und allgegenwärtig, in Form eines Privatmuseums aus Dateien und Medien. Erinnerung und Vergangenheit sind gespeichert, alles Neue kann zugeschaltet werden. Die Apparate verwandeln das Interieur in das eigene Weltzentrum.

Die Entortung des Wohnens und die damit verbundenen Ungewissheiten haben freilich ihre Dialektik. Die Befreiung von Idealen und höheren Bedeutungen weckt die Sehnsucht nach Kompensation: Der entzauberte Alltag wird verzaubert. Im Kopf. Fantasien entwerfen traumhafte Gegenwelten, die harte Tatsachen abfedern (siehe dazu Bourdieu, weiter unten). Die Fantasie erlaubt darüber hinaus, harte Tatsachen auch schlicht umzukehren: Wer im freien Wohnungsmarkt auf der Verliererspur steht, fühlt sich als Glücksspieler, der nur gewinnen kann – wenn nicht heute, dann morgen. Einfamilienhaushypotheken wurden in den USA überwiegend an Leute ohne Vermögen, Einkommen und Arbeit verkauft. Mit ihrer Überschuldung wurden sie schließlich ruiniert, während die *Too-big-to-fail*-Politik die Gläubiger gerettet hat. Die Verblendung, die in die selbst verschuldete Knechtschaft führen kann, erklärte Max Weber mit dem »Geist des Kapitalismus«, dem eine christlich-puritanische Backstage-Dramaturgie entspricht. Die Erbsünde verlangt Opferbereitschaft und Beuteverzicht: »Wo nicht mehr unterschieden wird, kann der Feind mitsamt seiner Beute bejaht werden« (Robert Pfaller).

Das Imaginäre ist eine gewaltige Projektionsfläche für unerfüllbare Wünsche. Gerade die Banalität der Immobilie provoziert eine Aneignung, die über die ihr eingeschriebene Enge hinausgeht und ein Universum privater Mythologien öffnet. Pierre Bourdieu hat in seiner schon erwähnten Langzeitstudie zum Einfamilienhaus diese Fantasieproduktion erforscht. Sie dreht sich um den Wunsch, aus der Masse herauszutreten, Unterschiede zu markieren und etwas Unverwechselbares zu verkörpern. Das Versprechen vom »symbolischen Kapital« ist nicht zwangsläufig an viel Geld gebunden. Es hat beliebige Präferenzen und ist sozial durchlässig. In der mittelständischen Realität schrumpft das »Leben wie der Landadel« auf ein Reihenhäuschen mit

Gewürzgarten, beim oberen Mittelstand auf eine kleine Villa mit großen Schulden.

Die Hauptkritik von Bourdieu setzt da an, wo der Distinktionsstress in Wirklichkeitsverlust übergeht. Er richtet sie gegen die staatliche Wohneigentumsförderung und deren Eigentumsideologie, die den unerfüllbaren Wunsch um jeden Preis zu realisieren verspricht. Die Anleitung zur illusionären Verschuldung ruiniert in regelmäßig wiederkehrenden Zyklen die Verschuldeten.

Wohnen mit Recht

Die geistige Wohnungsnot, die Heidegger und Lukács beschrieben haben, ist nur in philosophischer Hinsicht von Relevanz. Gälte es dennoch dafür einen empirischen Beleg zu finden, wären es Foucaults Recherchen über das Wohnen als Disziplinierungsmodell. Die materielle Not, die auch zur geistigen Not wird, hat ihren Ursprung in der Mikrophysik der Macht. Sie besteht zum einen in der Knappheit der Angebote, die eine ständige Bedrohung in Form von latenter oder akuter Wohnungsnot bedeutet. Zum anderen werden Verhaltensweisen im Privaten wie im Öffentlichen verordnet und mit Observationssystemen reguliert. Die Regeln scheinen uns selbstverständlich, weil sie unseren gewohnten Vorstellungen entsprechen.

Aus diesem Zusammenhang kann es nicht erstaunen, dass entgegen den Befragungen und den Narrativen der Marktforschung keine »generelle Wohnzufriedenheit« besteht. Im Gegenteil. Bewohnerinnen und Bewohner führen einen permanenten Krieg gegen die zweckrationale Wohnung und andere Disziplinierungen. Öffnet sich auch nur

eine kleine Hausordnungs- und Kontrolllücke, wird sie aus-
genutzt – am liebsten mit einer flächendeckenden Demon-
tage von Raum und Funktion. Wenn die Leute die Macht
über ihre Wohnungen hätten, würde keine der anderen
gleichen.[33]

Solange aber Investoren und Verwalter ihre unantastbaren Wohnungen los werden, ist deren Lustfeindlichkeit kein
Thema. Sollte ein Legitimationsdruck eintreten, wird er als
Geschmacksfrage bestritten oder als Rationalisierungs-
zwang verteidigt. Für Architektinnen und andere Experten
entsteht damit ein fatales Berufsproblem: Wenn ausgeblen-
dete Alltagswirklichkeiten und unterdrückte Sinne markt-
konform sind, kann die Abwesenheit von Expertise nur ein
Gewinn sein. Wo jedoch marktplanende Hände fehlen, kann
sich das Wohnen um Wirklichkeiten, Wünsche und Gedan-
kenexperimente drehen. Das Recht auf Wohnen wird zum
Wohnen mit Recht.

Unabhängig vom Wohnungsmarkt – was ist der empirische Befund über das Wohnen in einem Alltag, in dem Lokal-
kulturen mit der global-medialen Hyperkultur koexistieren?
Der Stadtsoziologe Walter Prigge hat mit seinen Lebensstil-
porträts bestätigt, dass das Alltagsleben und die Wohnvorstellungen nicht mehr mit einheitlich-verbindlichen Konventionen und Lebensstandards korrespondieren.[34] Die
Auflösung von Raum und Zeit erweitert die Möglichkeiten,
sich in der Heimatlosigkeit einzubetten.

Bewohnerinnen und Bewohner misstrauen allem, was
ihnen als Wohnen angeboten wird. Und auf Wohnpädagogik
reagieren sie allergisch. Wer will überhaupt noch »wohnen«?
Genügen nicht ein Bett, ein Laptop und ein Handy – das
Zuhause ist die Stadt, ein Park, ein soziales Netz?

Ein erstes Lebensstilporträt entspricht dem Rückzug in

eine eigene, virtuelle Welt. Die Erlebnisdimension moduliert die Wohnung zur einer global-medialen Freizeitlandschaft. Sofern im herkömmlichen Sinn noch von Wohnen die Rede sein kann, wird es mit Autonomie und Distanzbewusstsein verbunden. Ein zweites Porträt hebt die Trennung von Lebensbereichen auf. Die Grenzen zwischen Konsum und Kultur, zwischen Arbeit und Wohnen sind fließend. Die Überlagerungen werden unterstützt, indem sich Wohnungen und Arbeitsorte angleichen, so wie die technische Ausrüstung und globale Vernetzung an beiden Orten gleichwertig sind.

Das dritte Porträt entspricht einer Gegentendenz: ein städtischer Lebensstil, der das Wohnen auf die Grundaktivitäten reduziert. Service und Gemeinschaften werden außerhalb der Wohnung organisiert. Bei diesem Lebensstil kann man zwei Gruppen unterscheiden: erstens die »globalen Nomaden«, die an mehreren Orten leben und arbeiten; sie haben keine oder wenig Beziehung zur jeweiligen Stadt. Der mehr oder weniger kurze Aufenthalt ist mit einem Bedarf nach Serviceleistungen rund um die Uhr verbunden, was innerstädtische Lagen und öffentliche Verkehrsanbindungen voraussetzt. Im Gegensatz dazu ist die zweite Gruppe – vorwiegend jüngere Singles oder Paare – sozial heterogener. Sie schätzen die 24-Stunden-Stadt. Als »lokale Urbaniten« brauchen sie weder große Wohnzimmer (da sie die Stadt bewohnen) noch Küchen mit der üblichen Ausstattung (sie essen auswärts). Eindeutig urban orientiert, leben sie in den (teil-)öffentlichen Szenen, verbringen dort den größten Teil ihrer Freizeit und produzieren zugleich eine spezifische Form von Urbanität. Sie suchen temporär nach Geselligkeit oder Gemeinschaften an wechselnden Orten.

In diesem Zusammenhang stehen sogenannte *coworking spaces*, die zuerst in San Francisco in Form umgebauter Fabrikhallen populär wurden. Sie bilden ein Stück Stadt in der Stadt, wo an ein- und demselben Ort fast alles stattfinden kann: Freizeit, Öffentlichkeit, Barbetrieb, ständige oder temporäre Arbeitsplätze können gemietet werden.

Neben den nur exemplarisch erwähnten Porträts gibt es freilich unzählige Varianten. Den meisten ist aber gemeinsam, dass sie die Stadt und ihre öffentlichen Orte beanspruchen. Das bestätigt auch der Wandel traditioneller Formen von urbaner Öffentlichkeit wie Kneipen, Bars und Clubs. Seit den 1990er-Jahren verzeichnen sie in fast allen Städten nicht nur einen Boom, sondern eine größere Vielfalt. Die alte Polarität von *der* Privatheit und *der* Öffentlichkeit hat sich in ein Universum von Privatheiten und Teilöffentlichkeiten aufgelöst. Auch die Grenzen von Wohnen, Arbeit und Stadt haben sich aufgeweicht und werden sich wohl noch weiter aufweichen.

Wohnstandards – in welcher Art auch immer – werden dieser gesellschaftlichen Heterogenität immer widersprechen. So hinkt auch die Formel »die Form folgt…« der Realität hinterher; im besten Fall kann sie sich selbst korrigieren. Wohnen ist keine Form, sondern eine Überform (siehe dazu unten). Sie entspricht einem unbestimmten Verhältnis von Gebrauch, Deutung und Raum, so wie die Form jenseits der Form entsteht und den Gestaltungswillen unterläuft. Die Kernfrage des Wohnens dreht sich um unvorhersehbare Freiheiten.

Die Planung
des Nicht-Planbaren

Wohnstandards und Normen – in welcher Art auch immer – haben der heterogenen, vielfältigen Lebens- und Alltagspraxis schon immer widersprochen. Spätestens heute kann dem Wohnen keine Form mehr zugeordnet werden – weder eine funktionale noch eine andere. Wohnen ist eine Überform. Diese entspricht einem unbestimmten Verhältnis von Gebrauch, Deutung und Raum. Früher oder später entsteht immer eine Form jenseits der Form, die auch Gestaltungswillen unterläuft.

Der Umstand, dass das Wohnen für die anderen nicht planbar ist, hat bereits in den 1960er-Jahren zu Experimenten angeregt. Sogenannte »Flexibilitäten« sollten individuelles Wohnen ermöglichen. Doch das ständige Umbauen und Wändeverschieben war nicht nur praktisch unbefriedigend, sondern auch theoretisch falsch. Zum einen verschob es das Problem bloß auf eine andere Ebene, da die Flexibilität selbst danach fragt, wem und für was sie dienen soll, wann und wie oft sie benötigt wird. Empirische Studien belegen, dass die bauliche Flexibilität selten benutzt wird und dementsprechend teuer ist. Der Aufwand für die Baukonstruktion und viele Anschlüsse lohnt sich selten. Wenn die Leute die Wahl haben, fällt ihnen ein Umzug leichter als ein Umbau.

Subtiler scheint der Begriff »Nutzungsneutralität«, die etwa in den alten Berliner Wohnungen mit ihren meist quadratischen, verschieden nutzbaren Räumen gesehen wird. Doch damit wird das Thema auf einige Funktions- oder Möblierungsvarianten verkürzt.

Ein anderer Ansatz akzeptiert die Unmöglichkeit, reale Komplexität in einen Plan zu integrieren. Der Plan ersetzt das Verfahren: »Partizipation« ist die Losung. Opfer sollen unter pädagogischer Anleitung zu Tätern werden. Sie sollen ihre Bedürfnisse, die sie ewig ignorieren mussten, nun als falsche erkennen und auch gleich befriedigen. Die vermeintliche Anleitung zur Individualität erzwingt einen normativen Imperativ: eine Gegennorm, die schließlich auch nur einen andersartig fremden Zustand fixiert.

Wie Pädagogik schleichend in Bevormundung übergehen kann, belegt die dritte Antwort: Alle Wohnungen sollen anders aussehen, verschiedenförmig und einzigartig sein. Das erste Missverständnis ist tautologisch: Ein gesellschaftlicher Trend soll eine trendige Form abbilden. Das führt zu dem Kurzschluss, dass Individualisierung gleichbedeutend ist mit Formenreichtum. Das zweite Missverständnis besteht darin, dass die Bewohner weder erwarten noch wollen, dass ihre Wohnung nach dem Unterscheidungsvermögen von Architekten und Investoren geplant und gestaltet wird; aus Erfahrung werden so Gefühlswirklichkeiten wie Geschmacksmöglichkeiten reduziert.

All diese Bemühungen, unterschiedlichen Bedürfnissen mit baulichen Mitteln gerecht zu werden, laufen ins Leere: Das Nicht-Planbare ist im Kern kein Problem; es ist eine Tatsache. Und eine Tatsache fragt nicht nach einer Lösung, weil es keine gibt. Es geht also um die Frage, inwieweit Unbekanntes und Unberechenbares Raum finden können, ohne dass man gleich an einen Gegenstand, einen Grundriss oder ein Haus denkt.

Form und Überform

Zusammenfassend: Wenn wir nach der Architektur des Wohnens fragen, bewegen wir uns in drei Feldern.

Erstens können von der geistigen Wohnungsnot weder ein Ideal noch das gute oder wahre Wohnen erlösen. Allenfalls können sie Linderung verschaffen. So kann der Villenbesitzer mehr leiden als der Obdachlose, weil Letzterer kein verdinglichtes Ideal besitzt oder weil er weiß, dass es unbewohnbar ist.

Zweitens belügen wir uns mit der Wohnzufriedenheit, weil wir nichts anderes kennen. Und das Andere ist nicht als Objekt zu haben, sondern nur in der Erfahrung anderer Möglichkeiten.

Drittens werden Wohnungen nicht so benutzt, wie sie geplant sind. So fragen wir uns schon lange, wieso wir Funktionen folgen sollen, wenn wir sie ohnehin nicht befolgen. Lust und Launen stehen uns näher als Zwecke. Wenn es noch eine Architektur des Wohnens gibt – davon gehen wir mal aus –, orientiert sie sich nicht am modern-rationalen, sondern am reflexiv-labilen Menschen. Dieser will Räume mit wechselnden Eigenschaften, damit er sich selbst begegnen kann.

Die erste Feststellung lässt uns ratlos zurück. Die zweite und die dritte stellen die Frage: Was ist?, und: Was könnte dafür eine mögliche Form sein?

Umberto Eco hat 1962 in seinem Buch *Das offene Kunstwerk* bezogen auf die Literatur eine ähnliche Frage gestellt: Welcher Textform gelingt es, mit dem Leser ein Zwiegespräch zu führen, mit ihm geistig und emotional zu interagieren? Seine Antwort folgt nicht einer Theorie, sondern der Tatsache, dass Leserinnen und Leser Texte im Text und

Bilder im Bild produzieren, egal, ob der Autor, die Autorin das will oder nicht. Roland Barthes und Michel Foucault haben später den Autor als bedeutungsgenerierende Instanz grundlegend infrage gestellt. Es sei gar nicht möglich, dass der Autor Texte – deren Intentionen, Festlegungen sowie Aneignung – beherrschen und steuern könnte. Ludwig Wittgenstein fand für die gleiche Beobachtung eine andere Formulierung: Es gibt keine Privatsprache, die jemand nur mit sich selbst spricht. Der Autor muss sich die Kränkung gefallen lassen – ganz gleich, wie subjektiv und individualistisch er agiert –, dass sein Werk als *fait social* sich in der gesellschaftlichen Wirklichkeit von ihm ablöst und ein Eigenleben beginnt.

Zwar sind ein Text und ein Raum nicht das Gleiche. Beide aber werden gelesen und interpretiert: der Text hinsichtlich seiner Bedeutung und der Raum im Gebrauch. Dieser Unterschied, der auch eine Nähe aufweist, kommt in einer Formulierung Barthes' zum Ausdruck: »der Raum in Erwartung«.[35] Was im Raum geschieht, ist nicht vorbestimmt. Wer ihn betritt, wird ihn deuten und irgendwie gebrauchen.

Nun unterscheiden sich Räume darin, ob sie Deutungsspielräume eher öffnen oder einengen. Ist in ihnen schon vorbestimmt, was passiert? Oder handelt es sich um einen »Ort, wo (noch) nichts geschieht« (Peter Handke)?

Die Rezeptionsästhetik lässt sich noch verschärfen: Ein Werk wird erst vom Leser vollendet. Das meint Roland Barthes mit dem »Tod des Autors«, was allerdings nicht wörtlich zu verstehen ist. Treffender ist das Bild von einem Gesicht, das im Sand verschwindet. Oder mit den Worten von Beckett: »Ich bin nicht der Herr und Meister meines Materials. Wen kümmert es, wer spricht?« Wer da spricht, ist der für die Leser und deren Deutungen frei gewordene Raum.

Eine Form ist immer von Absichten und Idealen – von Gestaltungswillen – durchdrungen. Unbekanntes und Unbestimmtes sind ihr fremd. Doch der durch das Verschwinden des Autors frei gewordene Raum stellt die Form – ihre Konventionen und ihr Selbstverständnis – infrage. Was tritt an die Stelle der Form? Eine mögliche Antwort ist die Überform. Sie ist das Gegenüber der Form und entspricht dem realen Raum, der sich durch Aneignung permanent neu und verschieden interpretieren lässt. Der funktionale, durchgestaltete Raum ist hingegen nur konsumierbar, weil Bedeutungen und Gebrauch vorbestimmt sind. Insofern ist die Form eine Konstruktion voller Hindernisse, die dem realen Geschehen widerspricht: Wo Architektur aufhört, beginnt sie sich als *fait social* zu entformen. Das Werk löst sich von geplanten Absichten.

Überform ist also nicht Nicht-Form, sondern eine Form für das Unbestimmte und Ungewisse, für das Abwesende. Mit diesem Verständnis ändert sich auch der Blick auf Niemandsländer und Nicht-Orte. Der vermeintlich nutzlose Raum ist wertvoll. Ihm sind Möglichkeiten und symbolische Überschüsse eingeschrieben – eine angereicherte Komplexität, die Unbekanntes antizipiert. Die Überform fixiert keinen eigenen Sinn. Sie liefert keine Geschichte, die sklavisch nachvollzogen werden muss, keine Zeichen, die decodiert werden müssen. Der Leser setzt seinerseits Zeichen.[36] Die Abwesenheit des Autors meint in diesem Fall nicht dessen Verschwinden, sondern einen Rollenwechsel hin zu einem interaktiven Verhältnis, das den Gestaltungswillen in den Hintergrund treten lässt und stattdessen Spielräume öffnet.[37] Die Überform ist etwas Unvollkommenes, Unfertiges, mit all seinen Ungereimtheiten; sie ermöglicht und provoziert Erfahrungen mit Unbekanntem und neue

Erfahrungen mit dem Realen. Diese Dissonanzen bilden einen Spielraum, wo gesellschaftliche Differenz lebendig werden kann.[38]

Auch das Verhältnis von Stadt und Architektur kann als eine Überform beschrieben werden. Die einzelnen Objekte sollen schweigen und ihre Selbstbezogenheit aufgeben zugunsten einer Öffnung für den städtischen Zusammenhalt. Diesen können Objekte ohnehin nicht herstellen. Was Stadt zur Stadt macht, ist ein Prozess und ein Zusammenspiel, in dem das Gegenständliche Hintergrund bleibt und die Entfaltung eines urbanen Alltags so wenig wie möglich behindert.

Anmerkungen

Einführung. Zur politischen Ökonomie der Seelenkisten

1   Mit der »ursprünglichen Akkumulation« meinte Marx im Kern Enteignungen (die vor der Produktion und Mehrwertproduktion passieren) – dazu gehören Boden, Grund, aber auch Staatsschulden, Kredite, etc. Heute stellt sich die Frage, ob der gleiche Begriff im Plattformkapitalismus verwendet und erweitert werden kann: Was sind Informationen – ein Produktionsmittel? Marx war der Meinung, dass auch Transportmittel Produktionsmittel sind, weil ohne sie die Warenzirkulation nicht funktionieren würde. Informationen sind Produktionsmittel, insofern sie enteignet und dann verwertet werden. Nur ist die Enteignung weder materiell, noch monetär, sondern – wenn man so will – geistig. Ohne diese geistige Enteignung würde unser Lohn monatlich um 300 bis 500 Euro ansteigen – das entspricht dem Tauschwert unserer persönlichen Informationen, die für Werbung, Konsumdiagnosen, Warenentwicklungen, Marketing, etc. verwertet werden. (Siehe dazu u. a. Sascha Lobo, *Realitätsschock. Zehn Lehren aus der Gegenwart*, Kiepenheuer & Witsch, Köln 2019)

2   Eine Reportage über die Wohnungssuche einer Paketzustellerin und eines Rettungssanitäters dokumentiert, dass in Frankfurt viele hochpreisige Wohnungen leer stehen, aber selbst ein Platz in einem Massenlager für das Niedriglohnpersonal der Serviceindustrie zu teuer ist (arte/ARD 2019). Matthew Desmond, Stadtsoziologe und Professor an den Universitäten Harvard und Princeton, hat 83 Millionen Zwangsräumungen in den USA untersucht. Er kam zum Schluss, dass »der freie

Wohnungsmarkt eine Armutsfalle« sei. Sein Buch erhielt den Pulitzer-
preis und Buchempfehlungen u. a. von Bill Gates und Barack Obama.
(Matthew Desmond, *Zwangsgeräumt. Armut und Profit in der Stadt*,
Ullstein, Berlin 2018) Der Berliner Ökonom Moritz Schularick hat zwischen 2011 und 2018 in Deutschland den Vermögenszuwachs durch
Immobilien erhoben: Das Immobilienvermögen der reichsten 10 Prozent ist inflationsbereinigt um 1,5 Billionen Euro gestiegen – leistungs-
sowie steuerfrei, und im Wesentlichen ausgelöst durch die Boden-
preisexplosion. Die anderen 40 Prozent der eher kleinen Immobilien-
besitzer kommen zusammen auch auf einen Wertzuwachs von
1,5 Billionen und haben ihr Vermögen dadurch etwa um die Hälfte
gesteigert. (Interview im *Spiegel*, 28.12.2019)

3   Seminar anlässlich der Internationalen Bauausstellung Berlin, 1987.
    (Michel Foucault, »Heterotopien«, in: *Das Abenteuer der Ideen, Aus-
    stellungskatalog zur IBA*, Berlin 1987)

4   Eine Studie der Hans-Böckler-Stiftung hat 2015 ergeben, dass 47 Pro-
    zent aller Mieter ständig mit der Angst leben, dass ihre Wohnungen zu
    teuer werden. Noch beängstigter leben »kleinbürgerliche Haus-
    besitzer«. Sie sind ungewissen wirtschaftlichen Zyklen ausgeliefert
    und müssen damit rechnen, ihre Schulden und Zinsen nicht beglei-
    chen zu können. Pierre Bourdieu hat in einer langjährigen Forschung
    den »Drang zum Eigenheim« zwischen Traum und Wirklichkeit, zwi-
    schen Selbstbetrug und Betrug eingeordnet; er hat Widersprüche
    zwischen Ressourcenverschleiß und staatlich geförderter Eigentums-
    ideologie aufgezeigt und Werbestrategien des »symbolischen
    Kapitals« dokumentiert. Bourdieu kommt zum Schluss, dass das
    »Eigenheim die Hauptquelle kleinbürgerlichen Elends« ist. (Pierre
    Bourdieu, *Der Einzige und sein Eigenheim*, VSA, Hamburg 1998)

5   In Karl Marx, »Maschinenfragmente«. Aktuelle Rezensionen sehen
    übereinstimmend, dass Marx mit dem Gedanken der Selbstauflösung
    spekuliert hat. »Maschinenfragmente« für heute interpretiert: In der
    Automatisierungsmaschine steckt zwar auch verwandelte Arbeit, aber
    sie ist im Verhältnis zur ausgespuckten Ware marginal, sowie Maschi-
    nen Maschinen herstellen und die Arbeitskraft als Anteil schwindet
    und – siehe oben – nun eben auch geistige Maschinen geistige Arbeit
    verwandeln. (Siehe dazu Christian Lotz, *Zu Karl Marx: Das Maschinen-
    fragment*, Laika, Hamburg 2014)

6   Friedrich Schneider, emeritierter Professor an der Johannes Kepler
    Universität in Linz, erforscht Schattengeschäfte. Er schätzt, dass in
    Deutschland 2016 etwa 55 Prozent der ausländischen Investitionen
    kriminelles Geld ist, das legalisiert – beziehungsweise zu 90 Prozent
    »vorgewaschen« – eingeschleust wurde (als Buchgeld und nicht als
    Bargeld). Das bestätigt eine »Dunkelfeldstudie« des deutschen Bun-

desfinanzministeriums von 2016. Sie ergab, dass rund 100 Milliarden Euro pro Jahr gewaschen werden. Der größte Anteil entfällt auf Immobilienkäufe. Diese werden mit *share deals* optimiert: Nur 95 Prozent Anteile werden an den Immobilien ausgewiesen, damit die Grunderwerbsteuer entfällt. Während solche Kapitaltransfers steuerfrei sind, könnte eine Kapitalverkehrssteuer die legale Steuerhinterziehung verhindern. Laut einer Recherche der *Süddeutschen Zeitung* 2017 gibt es allein in Berlin fünftausend Grundsteuerkonten, die Firmen mit Sitz in Steueroasen gehören. Auskünfte über den Wert der Immobilien, um darauf Steuern zu erheben, sind in fast allen europäischen Ländern unmöglich, da Steuergeheimnisse gesetzlich garantiert sind.

7   Ein Beispiel: Phoenix Spree ist ein Immobilienfonds, der mit Stars der globalen Sport-, Musik- und Filmbranche wirbt, die in den Fonds investieren. Er hat in der Halbjahresbilanz von 2017 eine Performance von 303 Prozent ausgewiesen, mit einem Immobilienportfolio in fast allen Metropolen. In Berlin allein besitzt der Fonds 52 Liegenschaften. Das Geschäftsmodell setzt große Geldmengen und schnelle Transaktionen voraus und verteuert ohne volkswirtschaftliche Wertschöpfung Wohnungen: Den Mietern wird gekündigt, die Wohnungen werden billig renoviert, um dann die Mietpreise massiv zu erhöhen. Der Verkehrswert einer Liegenschaft kann sich so in kurzer Zeit verdoppeln. Die Firma hat ihren Sitz in Jersey, wo Transaktionen steuerfrei über die Bühne gehen. Eine vergleichbare Strategie verfolgt der Immobilienkonzern Vonovia mit einem Portfolio von 114 000 Wohnungen. Um die erwartete Performance zu erreichen, müssen laut Geschäftsbericht die Mieten um 18 Prozent ansteigen, was billiges Modernisieren voraussetzt. Stefan Kofner, Professor an der Hochschule Zittau/Görlitz, der das Geschäftsmodell untersucht hat, sieht darin eine »Lizenz zum Gelddrucken«. Das Vorhaben stößt allerdings auf Widerstände, die allfällige Mietbremsen bewirken können. So hat der Konzern Anwälte beauftragt, den bestehenden Mietspiegel (als Basis für Mietpreiserhöhungen) anzufechten (siehe Seidenspinner, *Wohnwahnsinn*).

8   United Nations Human Settlements Programme, The Challenge of Slums. Global Report on Human Settlements, Nairobi 2003.

9   Marx und Engels haben die Bodenrente entsprechend ihren unterschiedlichen (vor allem naturgegebenen) Verwertungsoptionen erklärt, welche die »Differenzialrente« spiegeln. Die extremen Preissteigerungen des Bodens durch seine bloße Verknappung haben sie nicht vorausgeahnt.

10   Tom Wolfe hat bereits in den 1980er-Jahren in einem Essay den Alltag im Silicon Valley beschrieben und in ihm die amerikanische Version protestantischer Moral und Disziplin entdeckt: Pioniergeist verbindet

sich mit grenzenlosem Arbeitseifer (Tom Wolfe, »The Thinkerings of Robert Noyce«, in: *Esquire Magazine*, 1983). Stadtrückwanderungen von IT-Firmen und Technologieparks sind auch in Europa seit den späten 1990er-Jahren anhaltend, was vor allem mit der Rekrutierung von qualifiziertem IT- und jungakademischem Personal zu tun hat, das die Städte als Wohnort und nahe Arbeitswege bevorzugt. Umgekehrt gibt es – wenn auch marginal – eine Gegenbewegung. Ortsunabhängige kleine IT-Firmen, deren Inhaber mit oder ohne ihre Familien in voralpine Dörfer mit schönen Landschaften auswandern, wie etwa ins Schweizer Domleschg, wo dreihundert Sonnentage im Jahr üblich sind und wo sich auch ein 3-Sterne-Koch mit seinem Hauptsitz in einem ehemaligen Schloss niedergelassen hat. In dieser Wanderungsbewegung sehen Planungsbehörden eine »Urbanisierung der Alpen«, was eine Überzeichnung ist. Wo weder Stadt noch Land herrscht, sind Orte und Räume ambivalent – so wie sie digital aufgeladen und zugleich analog-landschaftlich präsent sind. (Ernst Hubeli, »Technologieparks. Ein rückblickender Ausblick«, in: Wüstenrot Stiftung [Hg.], *ZukunftsWerkstattWohnbauen*, Ludwigsburg 2015)

11   Die Schweiz ist für dieses Phänomen besonders aufschlussreich. Das »Volk der Mieter« lebt in einem relativ gut ausgebauten Sozialstaat und ist für das Paradox kognitiver Dissonanz besonders empfänglich. Umso mehr ist die Schweiz ein Seismograf für die Verschärfung der Wohnungsfrage, die den Übergang vom Paradox in den klassischen Widerspruch anzeigt. Paradox: Bei einer eidgenössischen Volksabstimmung von 1977 wurde ein Gesetz zum Mieterschutz deutlich abgelehnt, obwohl rund 70 Prozent der Schweizerinnen und Schweizer Mieter sind. Widerspruch: 2011 haben in Zürich 76 Prozent der Stadtbürgerinnen und Stadtbürger für einen massiven Ausbau gemeinnütziger und städtischen Wohnungsbaus gestimmt (der Anteil soll von rund 20 Prozent auf über 30 Prozent anwachsen). Widerspruch: 2018 wurde in Basel per Volksinitiative das »Recht auf Wohnen« angenommen, das gesetzlich vorschreibt, dass Mieten »bezahlbar« sein müssen, d. h. nicht höher als ein Drittel des Einkommens der Mieter. In beiden Fällen wird auf die Umsetzung gewartet – auf einen Verordnungsentwurf, der in Basel besonders brisant ist: Werden zu hohe Mieten mit Steuergeldern ausgeglichen oder/und wird das Recht mit einer relevanten Beschneidung der Eigentumsrechte durchgesetzt, mit einer erhöhten Grundsteuer oder Mehrwertabschöpfung (und werden dabei Möglichkeiten gesetzlicher Umgehung ausgeschlossen)? In Berlin will der Kreuzberger Stadtbaurat Florian Schmidt »die Stadt zurückkaufen«. Die gesetzliche Grundlage ist ein städtisches Vorkaufsrecht, das er für rund zweitausend Wohnungen bereits angewendet hat. Schmidt versucht, bei der Festsetzung des Kaufpreises Eigentumsrechte zu

beschränken und bei Mietwucher Enteignungen durchzusetzen.
Aktuell steht auch die Enteignung von einem Wohnbaukonzern mit
dreitausend Wohnungen in Diskussion, was mit einem zweistelligen
Milliardenbetrag zu entschädigen wäre. Auch die Wiedereinführung
des Mietendeckels von 6 bis 7 Euro für Alt- und Neubauten in der
Innenstadt wird erwogen (einen solchen gab es bis 1986 in Berlin-
West). Umgekehrt werden in anderen Städten gemeinnützige und
städtische Wohnungen an Private verkauft. Dresden zum Beispiel hat
den gesamten städtischen Bestand – 48 000 Wohnungen – zu einem
Spottpreis von 1,75 Milliarden an Fortress, einen kanadischen Immobilienkonzern, verhökert.

12 Andreas Wassmann, Kommentar auf *Spiegel Online*, 13.3.2019.

13 Pierre Bourdieu, Der Einzige und sein Eigenheim.

14 Francis Fukuyama, *Identität. Wie der Verlust der Würde unsere Demokratie gefährdet*, Hoffmann und Campe, Hamburg 2019.

15 Peter Sloterdijk, »Die Sitten verwildern, die Gerechtigkeit ist obdachlos«, Interview in: *Neue Zürcher Zeitung*, 30.3.2018; www.nzz.ch/
feuilleton/wir-erleben-ein-grosses-gleiten-ld.1370201.

16 Byung-Chul Han, *Müdigkeitsgesellschaft*, Matthes & Seitz, Berlin 2016.

17 Allein das deutsche Bankenkader, das 500 Milliarden Euro in den Sand
gesetzt hat, hat sich mit 71 Milliarden für das systemimmanente Miss-
geschick belohnt. Das hat dazu beigetragen, dass die Schulden aller
öffentlichen Haushalte der 26 führenden Industriestaaten nach der
subprime crisis trotz angeblicher Regulierungen auf 50 Prozent des BIP
explodiert sind (McKinsey) – auch aufgrund von Negativzinsen, die
das Banken- und Kreditgeschäft ankurbeln. In der Folge sind die
großen Banken noch größer geworden, was ihre gewachsenen toxi-
schen Kredite einschließt. Das bedeutet, dass »das nächste too-big-
to-fail für die Steuerzahler die Fallhöhe verdoppelt«, so William White,
der damalige Chef der Bank für Internationalen Zahlungsausgleich
(BIZ), in den Krisenjahren um 2008.

18 Siehe Häußermann/Siebel, *Soziologie des Wohnens*.

I. Wohnen – Paradox und Widerspruch

1 Auf die Frage, ob heute und in Zukunft das Einfamilienhaus einem
Ideal entspreche, geben Markterhebungen und soziologische Untersuchungen grundlegend verschiedene Antworten. Der Grund liegt
in den unterschiedlichen Methoden. Während Markterhebungen nur
den Immobilienhandel erfassen und auch Unterschiede zwischen
männlichen und weiblichen Wohn- und Lebensvorstellungen ignorieren, berücksichtigen soziologische Studien Motive und Lebensum-

stände. So wurde ein starker Stadtrückwanderungstrend bei jüngeren Generationen festgestellt, der noch bedeutend stärker wäre, wenn das Wohnungsangebot ihm entsprechen würde. Um in den Berliner Prenzlauer Berg zu ziehen, so ein Fallbeispiel, hat ein relevanter Anteil der Zugezogenen das Einfamilienhaus seiner verstorbenen Eltern verkauft, um es gegen eine Stadtwohnung einzutauschen (Häußermann/Siebel, Soziologie des Wohnens).

2 Siehe Bruckner/Finkielkraut, *Das Abenteuer gleich um die Ecke.*

3 Siehe Prigge, *Porträts.*

4 Charlotte Higgins, *Under another Sky. Journey in Roman Britain,* Vintage, London 2013.

5 Auch mit Negativzinsen entsteht kein Überangebot an Wohnungen. Die Investitionen der umsatzstärksten Immobilienfonds und globaler Konzerne erfolgen ausschließlich in wachsenden Städten, um kein Überangebot zu generieren. Dieser Konzentration von Kapital (und Infrastruktur) in den »Schwarmstädten« werden andere Städte und Regionen geopfert. Mit ihrer Schrumpfung wachsen Leerbestände, die eine Folge von Arbeitslosigkeit und Abwanderung sind. (Philipp Oswalt [Hg.], *Schrumpfende Städte / Shrinking Cities,* Berlin 2004)

6 Leerbestände im Luxussegment können aufgrund von Phantombesitzern oder -mietern nicht oder nur teilweise erfasst werden. Damit der Leerbestand nicht augenfällig wird, gehen in unbewohnten Wohnungen bei eintretender Dämmerung automatisch Lichter an. Auch werden Papierblumen ans Fenster gestellt. Für einzelne Objekte sind Schätzungen von Leerbeständen möglich. Es handelt sich in der Regel um Wohnungen, die in europäischen Städten 20 000 Euro pro Quadratmeter und mehr kosten. Der Leerbestand solcher Anlageobjekte bewegt sich um 30 bis 70 Prozent. Bei den Besitzern von Luxuswohnungen kann es sich auch um private Anleger handeln, die mit ihren unbewohnten Viert- oder Fünftwohnungen auf eine Bodenpreissteigerung warten. Die *New York Times* publizierte am 7. Februar 2015 eine Recherche: Im Wolkenkratzer Time Warner Center stehen zwei Drittel der Wohnungen leer, die 20 bis 75 Millionen US-Dollar gekostet haben. Die Besitzer verheimlichen ihre Strohfirmen. Einen der Besitzer identifizierte die Zeitung als Andrey Vavilov, ehemaliger Finanzminister Russlands unter Boris Jelzin. Die Recherche verschärfte die Gesetzgebung über Immobilien- und Steuerkontrollen.

7 Siehe Hubeli/Koch, »Reflexionen«.

8 In Metropolen sind Bodenpreissteigerungen seit 1950 um das 600- bis 800-Fache üblich (bei einem zeitgleichen Anstieg des allgemeinen Preisindex um das Dreifache). Da solche Preissteigerungen im Rahmen politischer Debatten über Bodenreformen bestritten wurden, hat

Hans-Jochen Vogel (Oberbürgermeister von München zwischen 1960 und 1972, von 1972 bis 1974 Bundesminister für Bauwesen, Raumordnung, Städtebau) eine Bodenpreisstudie veranlasst. Sie hat die nachhaltige Bodenpreissteigerung in der erwähnten Größenordnung auch für Deutschland bestätigt. Vogel hat daraufhin in den 1970er-Jahren in Bayern auf Landesebene ein Gesetz durchgesetzt: »Steigende Bodenwerte müsse für die Allgemeinheit nutzbar gemacht werden.« Es wartet bis heute auf seine Umsetzung. Vogel hat kürzlich an seine politischen Vorstöße in den 1970er-Jahren erinnert. In seinem aktuellen Manifest fordert er Wohnbauförderungen, die »Enteignungen, falls nötig, nicht ausschließen«. Wie die politische Umsetzung erfolgen und woher das Geld kommen soll, lässt er allerdings offen. (Hans-Jochen Vogel, *Mehr Gerechtigkeit!*, Herder, Freiburg im Breisgau / München 2019)

9 In Deutschland und Frankreich wird deshalb erwogen, eine Steuer auf unbebaute Grundstücke einzuführen. Ob die vorgesehene Steuerhöhe reicht, um einen Investitionsdruck auszulösen, ist allerdings fraglich. Noch fraglicher ist, ob ein Investitionsdruck genügt, um dem volkswirtschaftlichen Bedarf an Wohnungen und angemessenen Mietpreisen zu entsprechen.

10 Z.B. Hans-Böckler-Stiftung 2015.

11 Steigende Mietkosten können auch für Banken bedrohlich werden. Wenn Mieten unbezahlbar werden, können allenfalls auch die Hypothekarzinsen nicht mehr beglichen werden. Dieses Szenario hat die Zürcher Kantonalbank 2011 veranlasst, eine kostspielige Studie durchzuführen. Das Ergebnis: Über die Hälfte der Stadtzürcher (zwei Drittel, wenn die nahe Region einbezogen wird) leben über ihren Verhältnissen beziehungsweise geben über ein Drittel des Einkommens fürs Wohnen aus. Die Bank hat demzufolge ihre Konditionen für Hypotheken mit erhöhten Einkommens- und Eigenkapitalauflagen angepasst.

12 Kommentare von Behörden und Mietern am 1.4.2016 im Zürcher *Tages-Anzeiger* als Reaktionen auf einen Essay des Autors: Ernst Hubeli, »Das Wohnparadox«, in: *Tages-Anzeiger*, 29.3.2016.

13 Eine Anspielung an die Situationisten und ihr »Sous les pavés, la plage!«.

14 Berlin-Institut (Hg.), *Die demografische Lage der Nation*, Berlin 2018/19; www.berlin-institut.org/publikationen/studien/die-demografische-lage-der-nation.html.

15 In Ausnahmefällen sind die Angebote an Sozialwohnungen mehr oder weniger stabil geblieben (Wien, Amsterdam u. a.). In Deutschland sind sie seit der Jahrhundertwende halbiert worden.

16   United Nations Human Settlements Programme, *The Challenge of Slums. Global Report on Human Settlements*, Nairobi 2003.

17   Siehe Maak, *Wohn-Komplex*.

18   Die beliebtesten Quartiere entwickeln sich als Parallelwelten, wo Immobilienjäger keine Beute finden. Die Beobachtung hat Jane Jacobs in den 1960er-Jahren gemacht, was damals den ungetrübten Glauben an den modernen Städtebau erschütterte. Jacobs' ausführliche Recherche galt Lower Manhattan, wo Bewohnerinnen und Bewohner in alte Fabriken Wohnungen, Cafés, Galerien, Handwerkerbuden, Läden, Discos und Kneipen eingebaut haben. Der heruntergekommene Stadtteil hat sich von unten urbanisiert – so lange, bis kaufkräftige Händler und ihre Klientel das »trendige Quartier« entdeckten. Alte Häuser wurden abgebrochen. Die Mieten und Bodenpreise stiegen flächendeckend. Schließlich konnten jene, die die Aufwertung bewerkstelligt hatten, sich diese nicht mehr leisten; sie waren gezwungen, wegzuziehen – in die nächste, weiter entfernte heruntergekommene Stadt, wo sich allenfalls der gleiche Vorgang wiederholt. Was heute als Gentrifizierung bezeichnet wird, hat Jane Jacobs treffender als »death und life« beschrieben – als eine selbstzerstörende Stadttransformation, die nur dem Immobilienhandel nützt und Lower Manhattan als *gated community* kapitalisiert hat.

19   BP, »BP Energy Outlook 2035«, Pressemeldung, London/Bochum 2016; www.bp.com/de_de/germany/home/presse/pressemeldungen/bp-energy-outlook-20350.html.

20   Ein Rückblick auf die Trabantenstädte zeigt, dass die »alte Stadt« nicht einfach die »neue, moderne Stadt« ersetzen kann. Auf dem Reißbrett entworfen, ist der Trabant geschichtslos. Es fehlen ihm sowohl thematische Anknüpfungen als auch das kollektive Wissen und das Gedächtnis einer Stadt. Der Trabant ist eine Kopfgeburt, der in der Regel als Wohnghetto verkümmert. Viele Vorstädte in den USA und Europa haben sich deshalb entleert und wurden gesprengt. Die Bilder der Detonationen wurden zum Symbol eines gescheiterten Stadtmodells. Die Erkenntnis, die mit dieser Erfahrung verbunden ist, gehört zum Diskurs der »Zweiten Moderne« oder der »selbstreflexiven Moderne«: Urbanität stößt an enge Grenzen ihrer Plan- und Machbarkeit. Marc Augé hat in diesem Zusammenhang auf ein scheinbar widersprüchliches Phänomen aufmerksam gemacht: Selbst der schlechteste Plan wird umstoßen und sozialisiert. In den Banlieues um Paris fand er einen entsprechenden Befund. In elenden Wohngegenden eroberten sich Bewohner, vorwiegend Jugendliche, einen sozialen Alltag. Bevorzugt in Niemandsländern oder in vergessenen Zwischenräumen. Als die Vorstadtbehörden drohten, diese *Non-Lieues* zu zerstören und Wohnblocks abzubrechen, kam es zu militanten Aufständen der

Jugendlichen, die ihre eroberten Räume verteidigten. Augé belegt damit, dass Identität – die Verbundenheit mit einem Ort – weder ein Gegenstand noch Architektur ist, sondern einen Aneignungsprozess und Anerkennung voraussetzt. Es gibt aus diesem Zusammenhang ein Missverständnis (auf das auch Augé hinweist): Stadtplanung und das sie auslösende Elend sei zu relativieren, weil selbstläufige Aneignungsprozesse das Geplante ohnehin korrigieren. Der Irrtum ist, dass die Korrekturen ein Ausmaß erreichen können, das einen aufopfernden Kampf um Raumeroberungen voraussetzt, vor dem viele resignieren. Wenn schließlich die Ästhetisierung der Wohnghettos zum *dernier cri* des Architekturdiskurses als *dirty realism* avanciert, verdoppelt sich das Missverständnis.

21 Es gibt kaum eine Stadt, die das Absterben ehemals vitaler Quartiere nicht kennt. Auch die politische Ohnmacht, die nur zufriedene Makler und unzufriedene Bewohner zurücklässt. Jane Jacobs sah die Ursache in einer Stadtplanung, die ein »Produkt der zu wenigen« sei. Eine Demokratisierung der Planungsverfahren versprach einen politischen Gegendruck auf die Gentrifizierungswellen. Doch »Partizipation« blieb wirkungsschwach. Sie beinhaltet keine Mitentscheidung, sondern Mitsprache und ist insofern ein »Verfahren, das sich als solches selbst legitimiert« (Niklas Luhmann). Es gibt vor, Konflikte zu lösen, die nicht lösbar sind, so wie ungleiche Machtanteile und antagonistische Interessen weder teilbar noch partizipativ sind.

22 Immer wieder wird versucht, Machtfragen und ihre städtebaulichen Kampfzonen zu entschärfen. Dazu dienen neue »Stadt-Leitbilder«. Sie sollen einen politischen und ökonomischen Konsens darstellen und vermitteln. Das Spektrum der letzten Jahrzehnte reicht von Clusterstädten, kreativindustriellen Schwarmstädten, rekonstruierten Altstädten oder Kleinstädten mit Bohème-Flair bis zur »Generic City«, wo das Stadtleben in einem einzigen Gebäudekomplex – im »Bigness« (Rem Koolhaas) – inszeniert werden soll. Diesen Vorstellungen ist gemeinsam, dass ihnen ein Bild von Stadt vorschwebt. Dabei wird Urbanität verdinglicht und objektfixiert, was ihr grundlegend widerspricht. Urbanität ist weder ein Gegenstand noch Architektur; sie setzt (wie Identitäten) einen Aneignungsprozess voraus. Architektur soll schweigen; sie ist Hintergrund, die stört, wenn er mehr sein will. Jede Bilder- oder Objektfixierung ist schließlich auch eine ästhetische Banalisierung: Urbanität ist eine Aneignungsform, die Unberechenbarkeit und Instabilität ständig überformen. Umgekehrt hat jede Stadt ihre spezifische Mentalität, die den urbanen Alltag mit einer gewissen Beständigkeit prägen. Barcelona zum Beispiel wollte in den 1990er-Jahren mit dem Leitbild »Kreativindustrie« Berlin nachahmen und scheiterte im großen Stil. Offensichtlich können die Besonderheiten

einer Stadt nicht einfach übertragen oder neu erfunden werden (es sei denn es geht um Jahrhundertperspektiven – nur, wer kennt diese schon?).

23   Architektur und Städtebau neigen in der Praxis wie in der Lehre zum »platten Abbildungsrealismus« (Adorno), der ausblendet, wie urbane Situationen und Bauwerke entstehen oder entstanden sind. Mit dieser Kritik wandte sich Theodor W. Adorno 1940 in einem Brief an Walter Benjamin, der gerade an seinem Pariser *Passagen-Werk* arbeitete: »Alle Verdinglichung ist ein Vergessen: Objekte werden dinghaft im Augenblick, wo sie festgehalten sind, ohne in allen ihren Stücken aktuell gegenwärtig zu sein: wo etwas von ihnen vergessen ist« (Adorno in einem Brief von 1940 an Walter Benjamin).

24   Die Widersprüche von Nachbesserungen der Stadtrand- und Agglomerationssiedlungen offenbaren sich aktuell in Frankreich. Die Banlieues um Paris sollen urbanisiert werden. Mit gigantischen Investitionen in Infrastrukturen und Bildungseinrichtungen, mit der Hoffnung, Verwahrlosung, Ghettoisierung und Armut zu mildern. Kürzlich wurde entschieden, die Banlieues mit einer U- und S-Bahn für 40 Milliarden Euro besser an Paris anzubinden. Alle bisherigen Erfahrungen belegen, dass solche verkehrstechnischen Aufrüstungen allein keine urbane Sanierung bewirken können; im besten Fall verlagern sie die Pendlerströme auf die Schiene – doch selbst das ist ungewiss. Zudem sind infrastrukturelle Aufwertungen mit urbanen Abwertungen verbunden (wenn diese beziehungsweise die Bauspekulationen nicht reguliert werden): An den Bahnstationen werden die Bodenpreise explodieren und billigen Wohnraum vernichten. Gegen die Bemühungen, Trabantenstädte und Stadtperipherien nachträglich aufzuwerten, ist auch aus anderen Gründen Skepsis angebracht. Zum einen sind die städtebaulichen Mittel begrenzt und im Vergleich zu Nachverdichtungen von bestehenden Kernstädten ineffizient; zum anderen ist der Drang, in die Städte zurückzukehren, seit Jahrzehnten anhaltend. Neuere Forschungen (Herczog/Hubeli, Häußermann/Siebel) belegen, dass (von Ausnahmen abgesehen) nur aus Zwang in die Peripherie gezogen wird. Den anhaltenden Stadtrückwanderungsdruck haben weder digitale Netze noch standortunabhängiges Arbeiten eingedämmt; er ist vor allem eine Folge des erwähnten demografischen Wandels.

25   Ernst Hubeli, Mikroverdichtung, laufende, gesamteuropäische Forschung seit 2017.

26   Eine Forschung, beauftragt vom schweizerischen Bundesamt für Wohnungswesen, kommt zu diesem Ergebnis. Die Methode beruht nicht auf der üblichen Fragestellung »Sind Sie mit Ihrer Wohnung zufrieden?«, was über 80 Prozent der Befragten bejahen, da sie eine Verneinung mit dem Zugeständnis gleichsetzen, im Leben versagt zu

haben. Die angewandte Methode ähnelt dem »nosing around« (einer Mischung aus Beobachtung und Fakten), welche die Chicago-Schule der 1930er-Jahre in die Stadtforschung eingeführt hat. Die Grundlage der Wohnstudie sind Erzählungen von Mietern, die ihren Alltag beschreiben (Hubeli/Koch, »Reflexionen«).

II. Enteignung

1   Nach einer Schätzung von *Tagesspiegel* und Correctiv. Dazu gehören auch private Immobilienhändler, die Tausende von Wohnungen aufgekauft haben und wie börsennotierte Unternehmen spekulieren. In Berlin sind 82 Prozent von rund 1,5 Millionen Wohnungen Mietwohnungen. Die gemeinsame Recherche »Wem gehört Berlin?« von *Tagesspiegel* und Correctiv ist in mehreren Beiträgen zwischen Januar und Juli 2019 erschienen. Correctiv ist gemeinnützig und finanziert sich durch Spenden von Bürgern und Stiftungen (https://interaktiv. tagesspiegel.de/wem-gehoert-berlin).

2   »Wem gehört Berlin?«; https://interaktiv.tagesspiegel.de/wem-gehoert-berlin.

3   Ebd.

4   Ebd.

5   Ebd.

6   Joseph Vogl, »Es muss nicht ewig so weitergehen«, Interview in: *der freitag*, 19/2019; www.freitag.de/autoren/mladen-gladic/es-muss-nicht-ewig-so-weitergehen.

7   »Wem gehört Berlin?«.

8   Ralf Hoffrogge, Mitinitiant »Deutsche Wohnen & Co Enteignen«, im Interview gegenüber dem *freitag*, 13.6.2019 und 17.6.2019.

9   Ebd.

10   Dazu Ralf Hoffrogge: »Ein Beispiel. Die Erfahrung zeigt, dass keine lebendige demokratische Verwaltung zustande kommt, sondern die Bürokratie herrscht. 2017 zum Beispiel wollte die landeseigene Degewo eine Mieterhöhung von 15 Prozent für ihre 1500 Sozialwohnungen durchsetzen, obwohl die Stadtentwicklungssenatorin Katrin Lompscher (Linke) zuvor festgelegt hatte, dass die Landeseigenen die Miete nicht mehr anheben dürfen. Erst nach Protesten der Mieterinnen konnte Lompscher sich durchsetzen – in ihrem eigenen Unternehmen! Und selbst da musste sie zurückrudern: Erhöht wurden die Mieten um 2 Prozent, das ist jetzt die jährliche Obergrenze.«

11   Die »ursprüngliche Akkumulation« hat Karl Marx (abgesehen von der Pacht und dergleichen) auch auf das Kreditgeschäft und Staatsschulden bezogen. Der Staat verschuldet sich, um Kredite zu gewähren, die

wie bei anderen Kapitalakkumulationen mit einem tendenziellen Fall der Profitrate verbunden sind.

12 Joseph Vogl, »Es muss nicht ewig so weitergehen«.

13 In der Berliner Enteignungsdebatte hat sich auch der Regierende Bürgermeister von Berlin mit einem Einwand eingemischt, der inzwischen auf eine Anekdote geschrumpft ist: Pläne zur Kollektivierung seien nicht nur ein fatales Signal an die Wirtschaft. Michael Müller befürchtet, dass jüdische Investoren ein zweites Mal enteignet werden könnten. Der Einwand wurde gekontert. Müller bediene das Klischee vom geldgierigen jüdischen Investor, getarnt als Sorge vor angeblich antisemitischen Strömungen. »Ich kann den Tiefsinn Müllers Bemerkung nicht erraten. [...] Es ist wohl als Diskursblockade gemeint: Wer von ›Enteignung‹ redet, stellt sich ins antisemitische Fach. Also Mund halten.« (Joseph Vogl, »Es muss nicht ewig so weitergehen«)

14 Joseph Vogl, »Es muss nicht ewig so weitergehen«.

15 Vgl. dazu die aktuelle Studie des gewerkschaftsnahen Wirtschafts- und Sozialwissenschaftlichen Instituts (WSI) der Hans-Böckler-Stiftung 2013. Besonders auffällig: Die Lücke zwischen den ganz Armen und den ganz Reichen wird immer größer. 2013 kam der französische Ökonom Thomas Piketty in seinem Buch *Das Kapital im 21. Jahrhundert* zum Schluss, dass sich die Kluft zwischen Arm und Reich in den vergangenen Jahrzehnten stark vergrößert habe. 2017 hat Piketty gemeinsam mit über hundert anderen Wissenschaftlern einen »Bericht zur weltweiten Ungleichheit« vorgelegt. Dieser konstatiert ebenfalls eine wachsende Kluft zwischen Arm und Reich, auch in Deutschland. So kamen 2013 die obersten 10 Prozent auf 40 Prozent des Gesamteinkommens in der Bundesrepublik, die untere Hälfte der Bevölkerung dagegen nur auf 17 Prozent. Dasselbe Gefälle gab es bereits 1913. »Dass man eine Linie zum Kaiserreich ziehen kann, hat mich überrascht«, sagte die an der Studie beteiligte Ökonomin Charlotte Bartels vom Deutschen Institut für Wirtschaftsforschung (DIW) gegenüber dem *Spiegel*. Siehe dazu auch Joseph Vogl im erwähnten Interview im *freitag*.

16 Joseph Vogl, »Es muss nicht ewig so weitergehen«.

17 Ebd.

18 Ebd.

19 www.spdfraktion-berlin.de/system/files/mayer_artz_gutachten_mietendeckel_fuer_spd-fraktion.pdf.

20 Die Senatorin für Stadtentwicklung Katrin Lompscher auf einer Pressekonferenz der Stadtregierung im Oktober 2019.

21 Andrej Holm, »Auf zum Neubau«, in: *der freitag*, 26/2019; www.freitag.de/autoren/der-freitag/auf-zum-neubau. Andrej Holm, Stadtsoziologe,

war Ende 2016/Anfang 2017 kurzzeitig Staatssekretär in der Senatsver-
waltung für Stadtentwicklung und Wohnen unter Katrin Lompscher
(Die Linke) in Berlin.

22 Ebd. In diesem Zusammenhang: Der öffentliche und gemeinnützige
Wohnbau in Wien zeigt, dass eine langfristige Kalkulation ohne Mietsteigerungen mit hohen Neubauleistungen verknüpft werden kann.
Voraussetzung ist neben einem Förderprogramm die Gemeinnützigkeit
der Wohnbauträger.

23 Siehe Antje Lang-Lendorff, »Über 77 000 wollen Enteignung«, in: die
tageszeitung, 14.6.2019; https://taz.de/Volksbegehren-zur-Deutsche-
Wohnen/!5600293.

24 Ralf Hoffrogge gegenüber dem *freitag*.

III. Aneignung

1 Fritz-Gerd Mittelstädt, »Die Grenzen der Heimat«, in: *Merkur*, 834/2018.

2 Siehe dazu Georg Lukács, *Tolstoi und die westliche Literatur + Dostojewskij*, Progress Düsseldorf 1960.

3 Martin Heidegger, »Logos (Heraklit, Fragment 50)«, in: Martin Heidegger, *Gesamtausgabe, Bd. 7, Vorträge und Aufsätze (1936–1953)*, hg.
von Friedrich-Wilhelm von Herrmann, Klostermann, Frankfurt am
Main 2000.

4 Die Suche nach der blauen Blume ist Novalis' Allegorie für die romantische Sehnsucht: »Er sah nichts als die blaue Blume [...], als sie auf
einmal sich zu bewegen und zu verändern anfing [...], und die Blü-
tenblätter zeigten einen blauen ausgebreiteten Kragen, in welchem
ein zartes Gesicht schwebte. Sein süßes Staunen wuchs mit der son-
derbaren Verwandlung, als ihn plötzlich die Stimme seiner Mutter
weckte [...].« (Aus: Novalis, *Heinrich von Ofterdingen*)

5 Ullrich Schwarz, »Architektur nach ihrem Ende oder: die Überwindung
der Verdinglichung«, in: Cordula Rau / Eberhard Tröger / Ole W. Fischer
(Hg.), *Sehnsucht. The Book of Architectural Longings*, Springer, Wien
2010.

6 Ebd.

7 Jean-François Lyotard, »Das Ende der großen Erzählungen«, in: Das
postmoderne Wissen [La condition postmoderne], 1979. Die Studie
wird oft als Schlüsselwerk und als theoretischer Hintergrund der sogenannten Postmoderne bezeichnet. Im Kern handelt es sich um eine
selbstreflexive Bilanz der Moderne, die in der Romantik ihren
Ursprung hat. Lyotard will die Vernunft vor einem (Wieder-)Einbruch
der Religion ins Politische retten. Wenn auch mit dem Religiösen nicht
gleichgestellt, wirke – so Lyotard – auch der «Metadiskurs» entpoli-

tisierend, so wie er den Diskurs der Macht umgehe. Dafür nennt Lyotard die Kritische Theorie der Frankfurter Schule und namentlich Adorno als Beispiel, der seine große Erzählung als Gesellschaftskritik «vorsätzlich folgenlos» betrieben habe. Mit dieser Kritik an der Kritischen Theorie haben vor Lyotard schon Frankfurter Studenten und Studentinnen Adorno bedrängt.

8 Ulrich Beck, *Risikogesellschaft. Auf dem Weg in eine andere Moderne*, Suhrkamp, Frankfurt am Main 1986.

9 Massimo Cacciari, *Wohnen, Denken, die Frage nach dem Ort*, Ritter, Klagenfurt 2002.

10 Ullrich Schwarz, »Vom ›Ort‹ zum ›Ereignis‹. Die irreführende Rezeption Martin Heideggers in der Architektur«, in: Eduard Führ (Hg.), *Bauen und Wohnen. Martin Heideggers Grundlagen zu einer Phänomenologie der Architektur*, Waxmann, Münster 2000.

11 Michael Hardt / Antonio Negri, *Empire. Die neue Weltordnung*, Campus, Frankfurt am Main 2002.

12 Richard Sennett hat in seinem Buch *Der flexible Mensch* darauf hingewiesen, dass der »flexible Mensch« in der globalisierten Wirtschaft auch zum Nomadentum gezwungen wird. Die in der Regel hochqualifizieren «Expats» bevorzugen Städte. Ihr Anteil als temporäre Stadtbewohner wächst – und damit die Mietpreise. Der «flexible Mensch» ist freilich nicht die Ursache der Wohnungsnöte, aber eine Beute, die der freie Wohnungsmarkt ungehindert jagen kann. (Richard Sennett, *Der flexible Mensch. Die Kultur des neuen Kapitalismus*, Berlin Verlag, Berlin 1998.)

13 Den Slogan hat die Schweizer Uhrenfirma Swatch eingeführt, um für das kleinste und sparsamste Auto namens Smart zu werben, das der Weltkonzern in den 1990er-Jahren entwickelt hat. Marie Kondo hat den Marktwert von «reduce to the max» als warenreduzierendes Ausräumen entdeckt: Seit 2019 surft sie auf der vorweihnächtlichen Konsumwelle und bietet online eine große Palette von Einrichtungsgegenständen und Accessoires an, die sie voraussichtlich in ihrer Sendung dann als Plunder dekontaminieren wird.

14 Siehe dazu auch die Analyse von Kondos Sendungen, die Christian Demand mit ähnlichen und anderen Schlussfolgerungen verfasst hat. (Christian Demand, »Homestorys (I). Betreutes Wohnen«, in: *Merkur* 841/2019)

15 Ebd.

16 Michael Zinganel hat mit einer Forschung in europäischen Städten nachgewiesen, dass nicht der öffentliche, sondern der private Raum der gefährlichste aller Orte ist, was er auch mit Statistiken über Ver-

brechen belegt. (Michael Zinganel, *Real Crime. Architektur, Stadt und Verbrechen*, Edition Selene, Wien 2002)

17   Bruno Taut, *Die Neue Wohnung. Die Frau als Schöpferin*, Berlin 1924; Zitate im Folgenden ebd.

18   Ludwig Neundörfer, *Wie Wohnen?*, Königstein im Taunus 1929.

19   Zwar kann man weder verschiedene Epochen miteinander noch Äpfel mit Birnen vergleichen. Insofern ist ein Rückblick auf die alten Siedlungen aus der Weimarer Republik nicht ohne Wehmut. Trotz all ihrer Schwächen beschämen sie fast alles, was danach geschah: Die Wohnung als Massenware kann nicht bloß die Sehnsucht nach der alten Moderne wecken, sondern sie kann sie auch begründen.

20   John Hejduk in: *Education of an Architect. A Point of View*, 1988.

21   Le Corbusiers Formel »Ein Haus ist eine Maschine zum Wohnen« erschien erstmals 1921 in der Zeitschrift *L'Esprit Nouveau*. Als der Begriff – *machine à habiter* – in Verruf kam, hat ihn Corbusier durch die »Zelle im menschlichen Maßstab« (in Anlehnung an die Klosterzelle) ersetzt. Neben dem Wiener Josef Frank hat der Schweizer Architekturkritiker Peter Meyer »die Maschinenbegeisterten« infrage gestellt: »Sie wollen nicht wahrhaben, dass sie einen ästhetenhaften Standpunkt einnehmen, der die Frage [nicht] stellt, welche Bedürfnisse durch diese Maschine überhaupt befriedigt werden sollen.« (Peter Meyer, *Moderne Architektur und Tradition*, Zürich 1928)

22   Dieter Hoffmann-Axthelm in einem Kommentar zum o. a. Essay von Le Corbusier; Vortrag in Wien, 1995.

23   Siehe dazu Max Weber, Die protestantische Ethik und der Geist des Kapitalismus (1905). Der theologische Kern weist eine Verwandtschaft mit der Kultur des modernen Kapitalismus auf. Fleiß, Sparsamkeit, beruflicher Erfolg sind Ausdruck von göttlicher Gnade und kapitalistischer Integration (doppelte Prädestinationslehre).

24   Siehe Anmerkung 22.

25   Die »Frankfurter Küche« wurde 1926 im Rahmen des Projekts »Neues Frankfurt« von Ernst May initiiert und von der Wiener Architektin Margarete Schütte-Lihotzky ausgearbeitet.

26   Josef Frank, Architektur als Symbol. Elemente deutschen neuen Bauens, Schroll, Wien 1931. Siehe auch Hermann Czech (Hg.), *Architektur als Symbol*, Löcker, Wien 2005; Maria Welzig, *Josef Frank (1885–1967). Das architektonische Werk*, Böhlau, Wien 1998.

27   Siehe Welzig, *Josef Frank*.

28   Auch Engels verwechselte Wohnen nicht mit Arbeiten. »Die Wohnung« unterliegt vollkommen anderen Verwertungsbedingungen als Kapital

und Arbeit, so wie sich Eigentum an Wohnraum und Eigentum an Arbeitskraft unterscheiden.

29 Hermann Czech erweitert in Anlehnung an Frank den Akzidentismus als »Freiheit für den schlechten Geschmack«.

30 Der Film schildert 24 Stunden im Alltag der Hausfrau und Gelegenheitsprostituierten Juliette Jeanson (Marina Vlady). Im Mittelpunkt steht nicht die traurige »Story« von Juliette, sondern die Bilderwelt, in der sie sich bewegt. Zeichen und Bedeutungen fallen auseinander, Sehen als Sehen findet unendliche Anschlüsse. Godard bezieht seine Beobachtungen auch auf Gilles Deleuze. Siehe dazu auch Kai Vöckler in: Ernst Hubeli / Harald Saiko / Kai Vöckler (Hg.), *100% Stadt. Der Abschied vom Nicht-Städtischen*, HDA Graz 2003. Darin auch Rem Koolhaas zur »Halluzination des Normalen«.

31 Siehe u. a. Christian Norberg-Schulz, *Genius Loci. Landschaft, Lebensraum, Baukunst*, Klett-Cotta, Stuttgart 1982. Oder: Hans Kollhoff sucht »Das architektonische Argument« (2010) und erfindet es im Baukörper als anthropologische Ur-Empfindung.

32 Karsten Harries, *The Ethical Function of Architecture*, MIT Press, Cambridge/London 1997.

33 Siehe Hubeli/Koch, »Reflexionen«.

34 Walter Prigge, *Bewohner-Porträts*, nicht veröffentlichtes Manuskript, 2005.

35 Giambattista Piranesis Radierung *Carceri* ist ein Beispiel für das Verschwinden des Autors. Das Bild einer gigantischen Raumruine bietet unzählige Deutungsmöglichkeiten. Victor Hugo sprach vom »cerveau noir«, vom »schwarzen Gehirn« Piranesis, Aldous Huxley von einer zeitlosen Modernität: die verlorene Mitte. Roland Barthes hat in seinen Vorlesungen »Wie zusammenleben?« am Collège de France, 1977 die Frage gestellt: »Gibt es ein Gegenmodell zur Hütte?«. Für Barthes stellte *Carceri* ein solches Gegenmodell dar: die radikale Kritik am hermetischen Rückzugsort – am Rückzug in das eigene Zimmer, in das Innere eines Zufluchtsorts. Die »dekorative und hysterische Transparenz« löse Neugier und Lust am Bedrohlichen aus: »Aus der Angst heraus entspringt Vergnügen.« Wer in diese abgründige Welt eintauche, erliege der Faszination der »magnificenza« und werde »leidenschaftlich erregt«. Darüber hinaus findet man in Piranesi einen Prognostiker, der die Architektur der Moderne infrage stellte, bevor es sie gab. *Carceri* verabscheut nicht nur die Hütte, sondern auch die »Zelle« (Le Corbusier). Piranesi skizziert eine Raumutopie ohne Zimmer: Die Trennung zwischen innen und außen ist aufgehoben. (Roland Barthes, *Texte zur Theorie des Autors*, Reclam, Stuttgart 2001.)

36 In der Fachliteratur gelten Favelas dafür als Vorbild, was mit einem doppelten Missverständnis verbunden ist: Das Wohnelend wird als »das Unfertige« und »informelle Architektur« romantisiert. Wenn die Bewohnerinnen und Bewohner in diesen Siedlungen dennoch einen Alltag erobern, sind Infrastrukturen wie Bildung und Versorgung weit relevanter als die Hütten.

37 Es gibt vermeintlich autorenlose Planstrategien, deren sich Computerprogramme und Zufallsgeneratoren bedienen, die ein Autor allerdings stoppen muss. Die Entwürfe erzeugen schließlich das Gegenteil von dem, was sie beabsichtigen: Ähnlichkeit, Gleichförmigkeit und Redundanz.

38 Solche Differenzen erlauben neue Erfahrungen. Drei Beispiele:
Die Casa Malaparte, ein roter Monolith, der über dem Meer am Rand einer steil abfallenden Klippe auf Capri steht. Der Felsbrocken dient auch als Haus. In ihm und auf seinem Dach spielt *Le Mépris*, ein Film von Jean-Luc Godard aus dem Jahr 1963. Dieser Ort schien Godard geeignet, um den Zwiespalt zu inszenieren, an dem Scheinwelten, Surreales und die Wirklichkeit aufeinanderprallen. Außen und innen, Höhle und Panorama oszillieren wie bei Piranesi – nur wirklicher und auch unwirklicher. Die unberechenbare Dramaturgie schafft keine Gewissheit, wo Naturnähe überwältigt werden und man ihr entrinnen kann, wo man in die wirkliche oder in eine gemalte Landschaft schaut, ob ein Fenster ein Bild oder ein Bild ein Fenster ist. Überformungen provozieren Erfahrungen mit Unbekannten und Realen.
Die Situationisten um Henri Levèbvre haben mit psychogeografischen *dérives* jenseits des Materiellen die emotionalen und atmosphärischen Eigenschaften und Unterschiede vom Stadtraum offengelegt – einschließlich des politischen Potenzials, diesen zu erobern.
Auch der zeitgenössische Künstler Thomas Hirschhorn überschreitet mit seinen Projekten den gewohnten, städtischen Erfahrungsraum. Er baut Provisorien mitten in der Bronx oder in der Banlieue. Unter strenger Regie erstellt er zusammen mit Bewohnerinnen und Bewohnern temporäre Siedlungen, Unterkünfte, Theaterbaracken oder Kunsträume. Sie dienen nicht der Sozialarbeit; sie öffnen Spielräume für Möglichkeiten, Ereignisse und neue Erfahrungen – jenseits von Armut und Arbeitslosigkeit.

Literatur

Augé, Marc, »Non-Lieu«, Vortrag anlässlich des Symposiums »Stadt und Kommunikation«, TU Stuttgart, 2000.

Barthes, Roland, *Texte zur Theorie des Autors*, Reclam, Stuttgart 2001.

Barthes, Roland, »Semiologie und Stadtplanung«, in: ders., *Das semiologische Abenteuer*, Suhrkamp, Frankfurt am Main 1988.

Berlin-Institut (Hg.), *Die demografische Lage der Nation*, Berlin 2018/19.

Berndt, Heide, *Die Natur der Stadt*, Verlag Neue Kritik, Frankfurt am Main 1978.

Bourdieu, Pierre, *Der Einzige und sein Eigenheim*, VSA, Hamburg, 1998.

Bruckner, Pascal / Finkielkraut, Alain, *Das Abenteuer gleich um die Ecke. Kleines Handbuch der Alltagsüberlebenskunst*, Carl Hanser, München 1981.

Cacciari, Massimo, *Wohnen, Denken, die Frage nach dem Ort*, Ritter, Klagenfurt 2002.

Colomina, Beatrice, »Wohnen als Identitätspolitik«, Vortrag Architekturzentrum Wien, 1999.

Czech, Hermann (Hg.), *Architektur als Symbol*, Löcker, Wien 2005.

Deleuze, Gilles, *Postskriptum über die Kontrollgesellschaften*, in: *L'autre journal*, 1/1990.

Demand, Christian, »Homestorys (I). Betreutes Wohnen«, in: *Merkur* 841/2019.

Desmond, Matthew, *Zwangsgeräumt. Armut und Profit in der Stadt*, Ullstein, Berlin 2018.

Eco, Umberto, *Das offene Kunstwerk*, Suhrkamp, Frankfurt am Main 1966.

Foucault, Michel, *Der Mensch ist ein Erfahrungstier. Gespräch mit Ducio Trombadori*, Suhrkamp, Frankfurt am Main 1996.

Foucault, Michel, »Heterotopien«, in: *Das Abenteuer der Ideen*, Ausstellungskatalog zur IBA, Berlin 1987.

Foucault, Michel, *Überwachen und Strafen. Die Geburt des Gefängnisses*, Suhrkamp, Frankfurt am Main 1977.

Foucault, Michel, *Mikrophysik der Macht*, Merve, Berlin 1976

Foucault, Michel, *Wahnsinn und Gesellschaft*, Suhrkamp, Frankfurt am Main 1973.

Frank, Josef, *Architektur als Symbol. Elemente deutschen neuen Bauens*, Schroll, Wien 1931.

Fukuyama, Francis, *Identität. Wie der Verlust der Würde unsere Demokratie gefährdet*, Hoffmann und Campe, Hamburg 2019.

Habermas, Jürgen, *Strukturwandel der Öffentlichkeit*, Luchterhand, Neuwied/Berlin 1962/1971 [Sonderausgabe].

Han, Byung-Chul, *Müdigkeitsgesellschaft*, Matthes & Seitz, Berlin 2016.

Hardt, Michael / Negri, Antonio, *Empire. Die neue Weltordnung*, Campus, Frankfurt am Main 2002.

Harries, Karsten, *The Ethical Function of Architecture*, MIT Press, Cambridge/London 1997.

Harvey, David, *The Condition of Postmodernity. An Enquiry into the Origins of Cultural Change*, Blackwell, Cambridge 1990.

Haus der Architektur (Hg.), *Position Alltag*, HDA Dokumente zur Architektur 21/22, Wien/Graz 2009.

Häußermann, Hartmut / Siebel, Walter, *Soziologie des Wohnens. Eine Einführung in Wandel und Ausdifferenzierung des Wohnens*, Beltz, Weinheim 1996.

Heidegger, Martin, »Logos (Heraklit, Fragment 50)«, in: Martin Heidegger, *Gesamtausgabe, Bd. 7, Vorträge und Aufsätze (1936–1953)*, hg. von Friedrich-Wilhelm von Herrmann, Klostermann, Frankfurt am Main 2000.

Heidegger, Martin, *Die Frage nach dem Ding. Zu Kants Lehre von den transzendentalen Grundsätzen*, Niemeyer, Tübingen 1987 [3. Aufl.].

Heidegger, Martin, *Die Kunst und der Raum*, Erker, St. Gallen 1996 [3. Aufl.].

Heidegger, Martin, »Bauen Wohnen Denken«, Referat von 1953, in: ders., *Bauen Wohnen Denken. Vorträge und Aufsätze*, Klett Cotta, Stuttgart 2020 [im Erscheinen].

Hubeli, Ernst, »Architektur, die aus dem Schatten kommt«, in: Ullrich Schwarz (Hg.), *Neue Deutsche Architektur – Eine Reflexive Moderne*, Hatje Cantz, Berlin 2002.

Hubeli, Ernst, »Das Wohnparadox«, in: *Tages-Anzeiger*, 29.3.2016.

Hubeli, Ernst, »Technologieparks. Ein rückblickender Ausblick«, in: Wüstenroth Stiftung (Hg.), *ZukunftsWerkstattWohnbauen*, Ludwigsburg 2015.

Hubeli, Ernst / Koch, Michael, »Reflexionen über Innovationen im Wohnungsbau. Materialien und Positionen für eine Debatte«, Studie im Auftrag des Bundesamts für Wohnungswesen (2002–2005), Zürich 2006; www.aramis.admin.ch/Default.aspx?DocumentID=130&Load=true.

Hubeli, Ernst / Herczog, Andres, *Öffentlichkeit und öffentlicher Raum. Von der Öffentlichkeit zur Koexistenz von Öffentlichkeiten – vom öffentlichen Raum zu öffentlichen Orten*, Bericht des Nationalen Forschungsprogramms »Stadt und Verkehr«, Selbstverlag, Zürich 1995.

Hubeli, Ernst / Saiko, Harald / Vöckler, Kai, *100% Stadt. Der Abschied vom Nicht-Städtischen*, HDA, Graz 2003.

Lenger, Friedrich, »Eine eurozentrische Geschichte des Kapitalismus«, in: *Merkur*, Februar 2019.

Lobo, Sascha, *Realitätsschock. Zehn Lehren aus der Gegenwart*, Kiepenheuer & Witsch, Köln 2019.

Lotz, Christian, *Zu Karl Marx: Das Maschinenfragment*, Laika, Hamburg 2014.

Luhmann, Niklas, *Soziale Systeme*, Suhrkamp, Frankfurt am Main 1984.

Lukács, Georg, *Die Theorie des Romans*, Aisthesis, Bielefeld 2009 [Originalausgabe 1916].

Lukács, Georg, *Tolstoi und die westliche Literatur + Dostojewskij*, Progress Düsseldorf 1960.

Maak, Niklas, *Wohn-Komplex. Warum wir andere Häuser brauchen*, Hanser, München 2014.

Meyer, Peter, *Moderne Architektur und Tradition*, Zürich 1928.

Mittelstädt, Fritz-Gerd, »Die Grenzen der Heimat«, in: *Merkur*, 834/2018.

Neundörfer, Ludwig, *Wie Wohnen?*, Königstein im Taunus 1929.

Norberg-Schulz, Christian, *Genius Loci. Landschaft, Lebensraum, Baukunst*, Klett-Cotta, Stuttgart 1982.

Oswalt, Philipp (Hg.), *Schrumpfende Städte / Shrinking Cities*, Hatje Cantz, Berlin 2004.

Pfaller, Robert, *Das schmutzige Heilige und die reine Vernunft*, Fischer, Frankfurt am Main 2008.

Prigge, Walter, *Porträts*, unveröffentlichtes Manuskript, 2000.

Ronneberger, Klaus, »Urbane Erlebnisräume als Zonen des Liminoiden«, in: Regina Bittner (Hg.), *Die Stadt als Event. Zur Konstruktion urbaner Erlebnisräume*, Campus, Frankfurt am Main 2001.

Sassen, Saskia, »Stoppt die Regierung!«, in: *Die Zeit*, 13. Januar 2011; www.zeit.de/2011/03/P-Demokratie.

Sassen, Saskia, *Das Paradox des Nationalen. Territorium, Autorität und Rechte im globalen Zeitalter*, Suhrkamp, Frankfurt am Main 2008.

Sassen, Saskia, *A Sociology of Globalization*, W. W. Norton, New York 2007.

Sassen, Saskia, »Die entfesselte Exekutive. Globalisierung und liberaler Staat«, in: *Blätter für deutsche und internationale Politik*, 4/2005.

Schwarz, Ullrich, »Architektur nach ihrem Ende oder: die Überwindung der Verdinglichung«, in: Cordula Rau / Eberhard Tröger / Ole W. Fischer (Hg.), *Sehnsucht. The Book of Architectural Longings*, Springer, Wien 2010.

Schwarz, Ullrich, »Vom ›Ort‹ zum ›Ereignis‹«, in: *Werk, Bauen + Wohnen*, 12/1999, in längerer Fassung erschienen unter dem Titel «Vom ›Ort‹ zum ›Ereignis‹. Die irreführende Rezeption Martin Heideggers in der Architektur», in: Eduard Führ (Hg.), *Bauen und Wohnen. Martin Heideggers Grundlagen zu einer Phänomenologie der Architektur*, Waxmann, Münster 2000.

Seidenspinner, Utta, Wohnwahnsinn, 2018, Berlin Verlag.

Sennett, Richard, *Die offene Stadt*, Hanser Berlin, Berlin 2018.

Sennett, Richard, *Handwerk*, Berlin Verlag, Berlin 2009.

Sennett, Richard, *Der flexible Mensch. Die Kultur des neuen Kapitalismus*, Berlin Verlag, Berlin 1998.

Sennett, Richard, *Verfall und Ende des öffentlichen Lebens. Die Tyrannei der Intimität*, Fischer, Frankfurt am Main 1983.

Sloterdijk, Peter, »Die Sitten verwildern, die Gerechtigkeit ist obdachlos«, Interview in: *Neue Zürcher Zeitung*, 30.3.2018; www.nzz.ch/feuilleton/wir-erleben-ein-grosses-gleiten-ld.1370201.

Solà-Morales, Ignasi, »Weak Architecture«, Essay von 1987.

Taut, Bruno, *Die Neue Wohnung. Die Frau als Schöpferin*, Berlin 1924.

United Nations Human Settlements Programme, *The Challenge of Slums. Global Report on Human Settlements*, Nairobi 2003.

Vöckler, Kai, »Weißes Rauschen«, in: Regina Bittner (Hg.), *Die Stadt als Event. Zur Konstruktion urbaner Erlebnisräume*, Campus, Frankfurt am Main 2001.

Vogel, Hans-Jochen, *Mehr Gerechtigkeit!*, Herder, Freiburg im Breisgau / München 2019.

Vogl, Joseph, »Es muss nicht ewig so weitergehen«, Interview in: *der freitag*, 19/2019; www.freitag.de/autoren/mladen-gladic/es-muss-nicht-ewig-so-weitergehen.

Weber, Max, *Wirtschaft und Gesellschaft. Grundriss der verstehenden Soziologie*, Mohr Siebeck, Tübingen 2002 [Originalausgabe 1909–1920].

Welzig, Maria, *Josef Frank (1885–1967). Das architektonische Werk*, Böhlau, Wien 1998.

Der Autor

Ernst Hubeli, Architekt und Stadtplaner, war Professor und Leiter des Instituts für Städtebau an der TU Graz, Chefredakteur der Fachzeitschrift *Werk* und ist seit 1982 Mitinhaber des Architekturbüros Herczog Hubeli in Zürich, das Forschungen zu Architektur und Städtebau verfasst sowie zahlreiche Bau- und Stadtteilprojekte realisiert hat.

Mit Dank an Béatrice Felchlin, Ullrich Schwarz, Peter Rupli, »Karim«, »Gessner«, Sarah Wendle und Salon de Réflexion Tiefenbrunnen.

Ich arbeite, also bin ich, so lautet das Mantra unserer Zeit. Aber was wir da eigentlich gearbeitet? Zu welchen Bedingungen? Burn-out oder Bore-out?

»Spät schießt von linksaußen auf unseren Arbeitsfetisch. Man könnte auch sagen: aus einer Position der Vernunft.«
KulturSpiegel

Patrick Spät

Und, was machst du so?
Fröhliche Streitschrift
gegen den Arbeitsfetisch

168 Seiten, 4. Aufl. 2020
978-3-85869-616-8

Der Kapitalismus bringt Wohlstand und Freiheit für alle? Der Kapitalismus verbreitet die Menschenrechte? Patrick Spät knöpft sich die Lügen des Kapitalismus vor und entzaubert sie eine nach der anderen. Seine Utopie: Der Kapitalismus ist von Menschen gemacht, und deshalb kann er auch von Menschen überwunden werden.

»Selten kommt Kapitalismuskritik so unerbittlich und leichtfüßig daher.«
der freitag

Patrick Spät

Die Freiheit nehm ich dir
11 Kehrseiten des
Kapitalismus

184 Seiten, 2. Aufl. 2016
978-3-85869-707-3

Im Dialog mit klassischen und zeitgenössischen Theoretikern – u. a. Marx, Rifkin, Brynjolfsson – sucht dieses Buch nach verständlichen Antworten auf ein komplexes Problem: Wie wird die Arbeit in Zukunft verteilt sein? Gibt es ein »digitales Athen«, wo das Problem der (Über-)Produktion gelöst ist und Maschinen die Sklavenarbeit machen? Was machen dann die Menschen? Wem gehören die Maschinen?

Ludger Eversmann

Marx' Reise ins digitale Athen
Eine kleine Geschichte von
Kapital, Arbeit, Waren und
ihrer Zukunft

240 Seiten, 2019
978-3-85869-822-3

STREITSCHRIFTEN IM ROTPUNKTVERLAG

Beat Ringger
Cédric Wermuth
**Die Service-public-
Revolution**
Corona, Klima, Kapitalis-
mus - eine Antwort auf die
Krisen unserer Zeit

216 Seiten, 2020
978-3-85869-892-6

Die Corona-Krise hat praktisch über Nacht
alte Sicherheiten infrage gestellt. In ungeahn-
ter Deutlichkeit ist offensichtlich geworden,
wie krisenanfällig unser System ist und wie
verletzlich nicht nur die »Schwachen«,
sondern auch die vermeintlich »Starken« sind.
Nur wenn wir die Reichtümer dieser Welt
drastisch rückverteilen und die zentralen
Infrastrukturen unserer Gesellschaft der
destruktiven Profitlogik entziehen, können
wir dem permanenten Krisenmodus entkom-
men. Die notwendigen Schritte auf diesem
Weg zeigt dieses Buch.

Bruno Kern
**Das Märchen
vom grünen Wachstum**
Plädoyer für eine
solidarische und nach-
haltige Gesellschaft

240 Seiten, 2019
978-3-85869-847-6

»Bruno Kern äußert eine Menge kluger
Gedanken und vermittelt dem Leser eine
Ahnung davon, dass der Menschheit große
gesellschaftliche Veränderungen bevor-
stehen, wenn die Klima- und Umweltkrise
nicht aus dem Ruder laufen soll. Die
Auseinandersetzung mit dem Konzept lohnt
sich für alle, die sich für eine zukunftsfähige
Wirtschaft einsetzen – auch wenn sie den
ökosozialistischen Ansatz für eine Sackgasse halten.«
Deutschlandfunk